Bunte Flusslandschaften

Haiku und andere Kurzgedichte, Aphorismen

Erika Maassen, Norbert Mieck, Helga Lange u.v.a.

Dorante Edition

Bunte Flusslandschaften

Haiku und andere Kurzgedichte, Aphorismen

Erika Maassen, Norbert Mieck,
Helga Lange u.v.a.

Bibliografische Information durch die Deutsche Nationalbibliothek: Die Deutsche Nationalbibliothek verzeichnet diese Publikation in der Deutschen Nationalbibliografie; detaillierte bibliografische Daten sind im Internet über http://dnb.d-nb.de abrufbar.

herausgegeben durch das Literaturpodium, Dorante Edition
Berlin 2016, www.literaturpodium.de
ISBN 9783741284571

Aquarell auf der Vorderseite: Marko Ferst

Alle Nachdrucke sowie Verwertung in Film, Funk und Fernsehen und auf jeder Art von Bild-, Wort-, und Tonträgern sind honorar- und genehmigungspflichtig. Alle Rechte vorbehalten. Das Urheberrecht liegt bei den Autorinnen und Autoren.

Herstellung und Verlag: BoD – Books on Demand, Norderstedt

Haiku
und andere Kurzgedichte

Carla Becker

Wochenmitte
Lebensmitte
Reihenmittelhaus
Aus, vorbei
Henkersmahlzeit

schreibe Texte makellos
schreibe Texte fehlerlos
kleide dich tadellos
verhalte dich tadellos
benimm dich fehlerfrei
sprich Texte grandios

sei ein guter Deutscher
entblößt, nackt, verletzlich
mit dem Rücken an der Wand
wimmernd, schluchzend, schreiend
alleine
von niemandem gehört
- liebevoll eingebettet -

Renate Maria Riehemann

Erstes Knospen. Grün.
Noch kein Frühling nur Ahnen
des Wechsels in mir.

Heller lacht das Land.
Vögel ziehen entgegen.
Tagesumarmung.

Abendrotes Fühlen
streichelt sanft späte Nächte.
Morgen wie gestern.

Marionettentanz
spät vertrockneter Blätter-
Frühlingsverheißung.

Frühlingszauber sanft,
webt laues Fühlen uns ins Haar,
kämmt Erinnerung.

Mit grellgelbem Gelb
verjagt die Forsythie
tagmüde Winter.

Raschel- knister- zilp
Buchenheckengeflüster
brauntrockner Blätter.

Gert W. Knop

Ruhe kehrt jetzt ein
Diese laue Sommernacht
Schon schläft die Natur
Leere Straßen sind einsam
Nur Sterne streuen ihr Licht

Im Nachtflug allein
Am Boden nur spärliche Lichter
Postflug über die Pampa
Exupéry zwischen Himmel und Erde
Einsamer Flug ins stille Nichts

Die Linden am Straßenrand
Verstreuen ihre verdörrten Blüten
Auf grauen Asphalt
Abstrakte Bilder in Ocker und Grau
Wechselnder Anblick der Natur

Oxfords alte Schleusen
Das Gurgeln des Wassers am Abend
Sonst nur noch Stille

Im frühen Morgenlicht
Der Tau auf hellen Gräsern
So einsam leuchtend

Zweige der Sehnsucht
Sie biegen sich bis sie brechen
Im Dunkel der Zeit
Zukunftsräume wachsen oft
Aus dem schon Erlebten

Schmetterlinge im Tanz
Sommerreigen am Nachmittag
Mosaik der Natur
Von ferne der Ruf eines Kuckucks
Aus seinem unsichtbaren Versteck

Thaddaeus Haenke
Ein Mann mit tausend Talenten
Wissenschaftler und Musiker
Sein Herz schlug für die Indios
Sein Grab wird man nie finden

Tage verlieren sich
Im Nichts der vergehenden Zeit
Wie einsames Herbstlaub

Wie leiser Gesang
Der Untergang der Sonne
Am weiten Horizont

Noch wach nach Mitternacht
Zeit für freie Gedankenträume
Vergessene Erinnerungen

Ein fahler Mond hinter Wolken
Mit tanzenden Schatten
Ein fernes Murmeln vom Wald
Ein sanftes Gluckern vom Bach

Berge glühen wie Bernstein
Wie durch ein ewiges Feuer entfacht
Die Sonne geht langsam unter
Anden-Gipfel eingebettet in Wolken
Schatten ergießen sich auf altem Sand

Baum der Unschuld
Deine schönen Blätter sind Hoffnung
Die Wurzeln sind zerrissen

Gebrochenes Sonnenlicht
aus silbernen Wolken fällt Regen
dann plötzlicher Schneefall

Erstrahlend im Licht
Zartes Grün der Akazie
Der Ruf der Taube

Erstrahlend im Licht
Das zarte Grün der Akazie
Und der Ruf der Taube

Noch am Nachmittag
Abgesang der Kraniche
Dann diese Stille

Blätter des Ahorn
Fallen auf taufrisches Gras
In hebstlichem Gelb

Oxfords alte Schleusen
Das Gurgeln des Wassers am Abend
Sonst nur noch Stille

Im frühen Morgenlicht
Der Tau auf hellen Gräsern
So einsam leuchtend

Erstrahlend im Licht
Zartes Grün der Akazie
Der Ruf der Taube

Über stillem Teich
Silbrig ruht dort der Nebel
Am frühen Morgen

Schwindende Bilder
Vergangener Tropentage
Im Nebel der Zeit

Auf dunklem Wasser
Das Säuseln des Abendwinds
Mit kleinen Wellen

Ein letztes Leuchten
Abendsonne über der Stadt
Wie goldenes Laub

Centro Español
Erinnerungen kommen zurück
Damals in Chile

Dort beim Auenwald
Der laute Gesang der Frösche
Wo Schwertlilien blühn

Die Kieselsteine
So herrlich glänzend leuchtend
Im klaren Bergbach

Vom Fluss herüber
Schriller Ruf der Wildenten
In ihrem Tiefflug

Bilder verblassen
Erinnerungen werden bewahrt
Stille Träume

Reinhard Lehmitz

Im Vorspiel zum Rot
weiß aufgeschäumte Landschaft
Die Kirschblütenzeit

Da! Erste Schritte
Aufbruch in neue Welten
Froschkinderlandgang

Eine Spur von Rot
Noch begrenzt Grün das Feuer
Erwachender Mohn

Zarter Schmetterling
Eine ausgestreckte Hand
Es war wie ein Hauch

Im Spiel der Wellen
tanzen Blüten auf und ab
Seerosenballett

Rote Rose mit
Tauperlen auf den Blättern
Morgentlicher Rausch

Libellentänze
Schilfblätter als Kulisse
Tiefblauer Zauber

Aus Grün entfaltet
rotes Leuchten – goldverziert
Zarter Islandmohn

Ein leuchtender Baum
in herbstlicher Parklandschaft -
Goldener Ginkgo

Weiß! Blütenteppich
mit viel Sonnengold durchwirkt
Ein Kamillenfeld

Das Lavendelblau
zart auf die Erde getupft
Seen in der Landschaft

Ein rotes Herbstblatt
Erinnerungen an die
Liebe des Sommers

Kahle Ebene
Mohn und Kamille verweht
wie ein alter Traum

Tanzende Wolken
Übermut im Abendlicht
Naher Vogelzug

Rufe vom Himmel
Die Botschaft der Kraniche
Auf in den Süden

Novembermorgen
Durch die Stille des Nebels
fallen Eistropfen

Rote Perlen und
grüner Glanz mit Schneehäubchen
Stechpalmenweihnacht

Das Licht geht leiser
an klaren Herbstabenden
Es dunkelt anders

Lautlos fällt der Schnee
Die Buhnen tragen Mützen
Idylle am Meer

Ruhiges Kreisen
über der Uferzone –
Sieh! Ein Seeadler

Weißes Blütenkleid
Blätter noch beim Erwachen
Die Magnolie

Helles Sonnenlicht
Ein Zauber in Pergament
Libellenflügel

Im kahlen Geäst
lautstarke Unterhaltung
Der Krähenrat tagt

Windstille am See
Schilfhalme bewegen sich
Blesshühner spielen

Dicht um den Brunnen
die Kräuter in sattem Grün
Nähe zahlt sich aus

Bizarre Schatten
auf einem bunten Teppich -
Entblätterter Baum

Ein Seeadler stürzt
sich pfeilschnell in die Tiefe
Enten fliegen auf

Quak quak quak quak quak
Ein Orchesterkonzert mit
grünen Solisten

Zwei reife Kirschen
zart aneinander geschmiegt
Wahrer Liebestraum

Die Ackerfurchen
gefüllt mit schützendem Schnee
Behütete Saat

So als hätte der
Himmel Sonnen geregnet
Kürbisse im Grün

Sieh, die Pilzhüte
morgens sehr prachtvoll bereift
Erste Nachtfröste

Ganz leise fallen
die Schneeflocken in der Nacht
Morgens das Staunen

Im Licht des Morgens
eine eifrige Spinne
Kunstwerk in Silber

Helga Lange

Versilberte Welt,
funkelnder Kristall am Zweig –
Rauhreif am Morgen

Kristall´ne Sterne
Zarte Haut aus weißem Samt –
Erster Schnee im Jahr

Weiße Eismützen
von Wellen und Gischt umtost –
Buhnen im Winter

Verzaubertes Land
Weiß bedeckt sind Flur und Hain –
Schneefall über Nacht

Mütze, Handschuh, Schal
der Wind beißt tief in das Fleisch –
Januarmorgen

Gläserne Perlen
veredeln Baum und Sträucher –
Froststarre Tropfen

Rotgold´ne Sonne
gießt Farbe über den Schnee –
Ein Winterabend

Wind und Regen kalt.
Schokotorte mit Kaffee –
Sonntag im Winter

Weißer Mond leuchtet
über lebenden Schatten –
Pferde im Nachtschnee

Wieder hat´s gekracht.
Unter´m Schnee Pfützen aus Eis.
Kalter Wintertag

Aufgeregt flatternd
wartend auf Futter am Haus –
Das Rotkehlchen friert

Grau des Himmels Kleid
lässt sachte Sternlein fallen –
wunderweiße Welt

Eisseen auf dem Weg
Kleine Trippelschritte nur –
Regen im Winter

Frostige Schönheit,
Blütenzauber auf dem Glas –
Eisblumenwunder

Entfesselte Kraft.
Mit Gebrüll tobt er um´s Haus –
Wintersturm bricht los

Sehnsucht im Winter
Rot der Mohn, Kornblumen blau –
Sommerwiesentraum

Kleckse von Schnee nur.
Das Grün zeigt sich schon wieder –
Winter macht Pause

Weiß auf weiß geschneit.
Schneeglöckchen nicken leise –
Winter nimmt Abschied

Lüfte wehen lau.
Amselhahn versucht ein Lied –
Der Winter wird geh´n

Der Fink schlägt im Hain.
Lauer Wind bläst in´s Zimmer –
Frühlings Vorboten

Jacke auf am Meer.
Winterwanderung im Sand –
Es frühlingt langsam.

Schüchtern lugt das Grün.
Warm die Luft, kalt die Erde –
Sanfter Frühlingskuss

Zartblaue Seide
bestickt mit weißen Wolken –
Frühlingserwachen

So klein heut´die Welt
Der Himmel küsst die Erde –
Märztag im Nebel

Stäubende Schwengel
über winzigem Purpur –
Der Haselstrauch blüht

Frisches Grün mit Gelb,
der Boden atmet wieder –
Winterlinge blüh´n

Schwarzglänzender Busch
mit Regenbogenzauber –
Frühlingsgewitter

Leises Gebimmel,
sanfter Wind streift erstes Grün –
Schneeglöckchen läuten

Warmer Frühlingstag
Altes Laub hebt und senkt sich –
Der Igel schläft noch

Gartenbank in der
Holunderhochzeitslaube –
Frühlingsgefühle

Des Himmels Farben
als Spiegel auf der Erde –
Krokusse erblüh´n

Schillern grün und blau,
Flattern und Schnattern am Teich –
Erpel auf Brautschau

Gesumm und Gebrumm,
Krokusse in der Sonne –
Festmahl der Bienen

Grüne Rosetten
bunt leuchten Blüten darin –
Primeln vorm Fenster

Sie lässt sich erahnen,
Sonne hinter den Wolken –
Trüber Frühlingstag

Zartgelb die Flügel,
erster Schmetterling im Jahr –
Zitronenfalter

Wild schäumt das Wasser
Regen peitscht mir ins Gesicht –
Frühlingssturm am Meer

Ein Blütenmeer aus
Veilchen, Blaustern, Hyazinth´ –
Himmelblaue Zeit

Regen, Hagel, Sturm,
Sonnenschein und laue Luft –
Wetter im April

Silbrige Pelzchen
hocken dicht an dicht im Busch –
Weidenkätzchen blüh´n

Aufmerksamer Blick
sieht ein Huschen im Gebüsch
Die Eidechse jagt

Sie nicken im Wind
und verströmen ihren Duft
Holunderblüten

Leuchtende Farben
im Schatten alter Buchen –
Rhododendronpark

Zwei Rehe äsen
Der Fuchs schaut verwundert auf –
Spaziergang im Wald

Kühl weht der Nordwind
Weiße Wolken am Himmel
Sonntag im Garten

Die Amsel frohlockt
Im hohen Baum erstes Rot –
Die Kirschen sind reif

Unter´m Birnenbaum
schwarzäugige Susanne –
die erste Blüte

Schneeweiße Zipfel
in bizarrer Moorlandschaft –
Das Wollgras erblüht

Vielstimmiger Chor
in der Abenddämmerung –
der Zikaden Lied

Wechselnde Bilder
weiß aufgeschäumter Wesen –
Sommerwolken zieh´n

Seltsame Gestalt
Äste schlangengleich geformt –
Windflüchter am Meer

Sonne seit Wochen.
Nun trinkt die Erde wieder –
Sommerregenguss

Werden und Vergeh´n
Neu bestellt ist´s Stoppelfeld –
Ein zartgrüner Hauch

Durchdringender Laut
Stolzer Gang mit hohem Haupt –
Kraniche im Feld

In schwirrendem Flug
mit aufgeregtem Geschwätz –
Schwalben sammeln sich

Rainer Rebscher

Er kämpft um Liebe
gerupfte Federn wirbeln
Streithahn im Sinkflug

Heirat im Frühling
zwei Männer liebkosen sich
praller Blütenstand

Im Kriechgang rutscht er
mit buckelndem Rückgrat auf
der Schleimspur der Macht

Der Teufelsbraten
stürzt sich auf die Weihnachtsgans
sie gibt sich ihm hin

Nach dem Hochzeitsbrunch
vernaschen die Kerle noch
mit Blicken die Braut

Schwarzerlenwasser
windstill schaukelt die Boje
im Nachtperlensee

Indisches Lindgrün
seidenluftig schön rauscht sie
rücksichtslos vorbei

Das alte Paket
steht verlassen im Regen
drinnen tickt die Zeit

Gänsedaunenleicht
gähnst du hell den Morgen an
Vögel wachen auf

Der Winter wirft Eis
Zapfendustre Schneewalze
auf den Frühlingskuss

Im Morgengrauen
spiegeln sich Silberschläfen
hell lacht Nachbars Kind

Schwarzer Punkt im See
In den hellen Sommer schwimmst du
Meine Sehnsucht folgt

Flutsommer am See
Wasser steht am Schattenbaum
Lichtperlen tropfe

Betti Fichtl

Auf Wolkeninseln
purpurne Sonnenampeln,
bald schweigender Tag.

Lärmende Straßen
im Smog der Autoschlangen
an Häuserreihen.

Mahnen zum Frieden
die Alabastertauben
auf ihrem Sockel.

Silbergraues Haar
und faltige Haut, gebeugt,
erfülltes Leben.

Der Tod, ein Erzfeind,
verbannt in schwarzes Schweigen,
dort ein Wartender.

Helfende Hände
und ein Herz für die Leidenden,
sichtbare Engel.

Silbernes Mondlicht
in kosmosgehauchter Nacht
brennt in den Bäumen.

Choreographie
der gischenden Fontänen
um Brunnenskulptur.

Vollbesetzte Rundbänke -
ein Herbstnachmittag.

Impressionen
des Herbstes in Laubwäldern,
der Straßenbäume.

Ein sonnenweißes Gewölk
im Adagio des Windes.

Auch das kleine Glück
in den Höfen des Alltags
strahlt wird es gesehen.

In Abendröte
ein Ave der Kirchglocken
letztes Vogellied.

Glutrote Sonne
zerfliesst in Lavendelblau
über den Wiesen.

Ute Lichtenberg

Seelenlos sind die Geister,
denn ihnen wohnt keine Liebe bei.
Ohne Hoffnung auf Erlösung,
streifen Ruhelos sie durch die Zeit.

Ziehen vorüber die Stunden
Entfliehen die Minuten
Innehalten nur Sekunden
Trägt zur Ruhe bei

Der Mond steht am Himmel,
kugelrund und bleich.
Schafft eine mystische Aura.
Der Mond steht am Himmel.
Mit kaltem Licht
Hält er mich wach.
Der Mond steht am Himmel,
kugelrund und bleich.

Kalt ist's geworden,
plötzlich über Nacht
sind die Seen zugefroren.
Kalt ist's geworden
Raureif bedeckt die Stadt
und Frost zieht in den Boden.
Kalt ist's geworden,
plötzlich über Nacht.

Frühlingserwachen,
erste Zugvögel kehren heim,
und Knospen sprießen.
Frühlingserwachen,
die Sonne steigt höher,
schickt wieder wärmende Strahlen.
Frühlingserwachen,
erste Zugvögel kehren heim.

Der Herbst liegt im Sterben,
die Bäume werden kahl.
Wind fegt über's Land.
Der Herbst liegt im Sterben.
Dichter Nebel verhindert die Sicht,
regnerisch kalt sind die Tage.
Der Herbst liegt im Sterben,
die Bäume werden kahl.

Ich schau aus dem Fenster,
hinaus in die Nacht.
Hundert Lichter hat die Stadt.
Ich schau aus dem Fenster,
Millionen Sterne am Himmelszelt
Und der Mond zieht seine Bahn.
Ich schau aus dem Fenster,
hinaus in die Nacht.

Ich steh unter der Dusche,
Wasser rinnt über meine Haut,
spült alle Gedanken fort.
Ich steh unter der Dusche,
Wärme durchdringt mich
Pore für Pore.
Ich steh unter der Dusche,
Wasser rinnt über meine Haut.

Im Meeresrauschen
Hallt ein Möwenschrei zum Strand,
macht mich aufmerksam.
Mein Blick geht über raue See,
am Horizont der Vogel zieht.

Hortensien
bunte Vielfalt
und betörender Duft
verführen Augen und Nase
märchenhaft.

Blätter sterben im Herbst.
Der Wald wird kahl und grau, doch
Bleibt grün die Tanne.

Wind wischt Tränen fort.
Wispert leise an mein Ohr.
Lässt Hoffnung keimen.

Wolkenverhangen der Abendhimmel.
Sanft geht eine Briese durchs Gras.
Ich spaziere durch wallenden Nebel,
atme feuchte Luft - bin frei.

Nacht legt sich über die Stadt,
durch die Gassen geht sanft der Wind.
Leise fällt der Regen,
ich lausche meinen Schritten und bin glücklich,
denn ich gehe heim.

Wolfgang Jatz

Der Schwärmer ...

Schweige
staune
stehe da.

... verzweifelt

Kurz vor dem Kippen
Letzter Halt
Gekritzeltes Gestammel.

Orphisch

In der Schule
spielte er immer
den Kasper.

Machte so seltsame
Dinge wie das
Essen von Kreide.

Wie beim Wolf
im Märchen
würde seine Stimme
davon ganz helle
So hoffte er.

Löblicher Wunsch
eines Sängers.

Motto

Haiku
viel zu lang
wo ein Seufzer
schon genügt.

Stand

Mein Schatten
würgt mich
Könnt ich
ihn fassen.

Erinnerung

In deinen Augen
Verständnis
reicht zum Überleben.

Nachtgang

Winde mich
um den Kirchturm
meine Seele
mit Gott zu verschmelzen.

Der Mensch
ist nicht
dazu geboren
in Konventionen
zu erstarren.

Schöner Traum

Ja, i bin so oaner
a Menschensammler
Na, i brauch net viel
bloß a Schalerl Kaffee
Und die Erinnerung
an dieses fesche
Menschenkind
in Stiefeln und Jeans
Mehr woaß i net
von ihr.

Reveille

Für manchen alten
Jungen gibt es nur
zwei Möglichkeiten
Entweder schön ruhig
ausklingen lassen
oder noch ein wenig
zündeln und spielen
mit Revolution.

Daneben

(Eine Beobachtung)

Da sitzen lauter
Leute die auf der
Tastatur rumhacken
oder mit dem Knopf
im Ohr in andre
Welten abtauchen
Denke man könnte
doch einfach mit
einander reden.

Norbert Mieck

Eiswasserflüsse
und der Atem des Elches
über blauem Schnee

Verweinte Kerzen
im verschatteten Zimmer.
Ein Fenster erwacht.

Unterm Dachgebälk
schweigen die alten Truhen.
Fenster erblinden.

Siedeln am Flusslauf:
morgens geflutetes Licht,
nachts dann die Ratten.

Talarschwarz die Nacht,
und ich liege traumbereit
für Hergewehtes.

Ich betrete nachts
Die Rückseite des Mondes,
wo Steine reden.

Sommergäste noch
unter seegrünen Schirmen –
doch September schon.

Getragen vom Licht
das rotweiße Fischerhaus
tief in den Schären

Die Möwen drehen
Flügelschlag um Flügelschlag
den Himmel weiter

Windspiele im Schilf,
im Moor die braunen Kähne –
ein finnisches Lied

Durchlässig das Licht –
in schattenloser Bucht
die Sandrose

Nun flüstert das Meer –
in die Dünenmulden rollt
sich der letzte Wind

Winter am Nordkap –
nun hebt kein Gott mehr das Licht
übern Horizont

Sonnenscherben
auf wirbelnden Blättern –
Seiltanz der Spinnen

Ich sehe den Wolf
im Passepartout der Birken
und manchmal in mir.

Windflüchtern gleich duckt
sich das reetgedeckte Haus
vor dem Zorn des Herrn.

Wollüstiger Wolf
schleicht witternd durchs Waldrevier –
die Lefzen triefen

Changierendes Licht
der Fuchs durchstöbert den Herbst
Wolken zerreißen

Die Nacht wird kühler
mit jedem fallenden Blatt.
Lauter knarzt der Elch

Altersschwach lehnen
Die Bootshäuser im Hafen
Schulter an Schulter

Durch Felsen gesprengt
die Straße nach Bohuslän –
abseits der Schären

Früh schon die Lampen
In hyggeligen Fenstern –
doch noch ist´s August

Auf Silberrücken
im Dünengras Tschaikowski
bis hinab zum Meer

Bleib noch ein bisschen
du wankelmütiger Mond.
Wie glänzt doch der Fluss

Unruhige Nacht –
windschief hängt im Fensterkreuz
leicht verwölkt der Mond

Verheulter Himmel –
demutsvoll neigt sich der Wald
und Trolle tanzen

Altes Schwedenhaus,
Fenstern fehlen die Brauen,
die Farben blättern

Stoische Ruhe -
harsches Scharren des Pfluges
Furche um Furche

In den weißen Tod
trägt der laue Frühlingswind
die leichte Asche

Schon gestern der Ring
zwischen Schilf und Seerosen
so verloren lag

In der Sakristei
zerbrochene Umarmung -
gleich kommt der Segen

Mein pochendes Herz
hat im Schoß deiner Hände
Heimat gefunden

Den Weinberg bestellt
beschützt vom Blick des Windes
bis hin zur Ernte

Den Traum auspendeln,
der so zerstörerisch war -
ein Schlaf in Scherben

Liebesschwur am Strand
Stunde des Gezeitensprungs -
der Leuchtturm blinzelt

Letztes Tageslicht
ganz nah schon an den Schatten -
Zeit der Fledermäuse

Unter altem Laub
zarter als das Morgenrot
erste Keimlinge

Abends im Lehnstuhl
die Schürze voller Finger
formt sich ein neuer Vers

Zahnlücken
über Zuckertüten -
Einschulungstag

Wind spielt im Wollgras -
unten am Fluss
knarzt der Elch

Gebrechlicher Sommer
das Licht geht auf Stelzen -
Warten auf den Herbst

Aus seiner Deckung
schlüpft der Mond
und kleckert über die Alster

Verschleierter Mond
die Wölfin schreit ihren Schmerz
ins todlose All

Das Kranichpaar
Synchron in der Bewegung
tanzt den Liebestanz

Herzschlag des Herbstes -
in den Gärten Schüttelfrost,
und der Wein verblutet

Sie malt die Antwort
mit rotweinfeuchten Fingern
auf die Politur

Gedächtnisschatten
flackern auf in meinem Hirn -
Liebeslust schwillt an

Grünes Morgenlicht -
die Rohrdommel im Röhricht
durchstöbert den Herbst

Drei Reisewecker,
alle auf halb fünf gestellt
und doch verschlafen

Angespült vom Meer
dem Wind das Ohr geliehen,
die Silbermuschel

Bei stürmischer See
ausgerollt die Kreuzotter
wärmt sich im Sand

Lava-Asche -
Aufschimmern alter Zeiten
im Raku-Brand

Vorbei die Sturmflut -
neues Treibholz angespült,
ein leerer Koffer

Auf dem Meeresgrund
Muscheln, die Sehnsucht wiegen -
Sterne, ach, so weit

Im fiebrigen Licht
der zerfließenden Landschaft
Verblutender Mohn

Überraschend schnell
in trotziger Gebärde
der Biss des Alters

Mohnblüten im Wind
wiegen Bienen und Falter
mich wiegt die Stille

Mittagslicht knistert
brüchig wie alte Seide
übers Ährenfeld

Heilserwartungen -
über die Bibel gebeugt
zweifelt der Priester

Schwingt noch die Sense
sirrend wie immer durchs Gras
die uralte Frau

In Spiegelungen
der Schaufenster und Pfützen
der Bettler

Bassklänge im Licht -
schwarz der Sonnenuntergang
von Vogelscharen

Die Gärten verlöschen -
im Keller der Duft von Erde
und reifem Obst

Herauswachsen
aus den Wörtern, aus der Welt -
Aufgehen im All

Hat doch der Frost
die standhafte Rose
zu Tode geküsst

Fichten flüstern
im sanften Winterwind -
Sehnsucht nach Stuben

Kalenderblätter
fallen, und im neuen Jahr
bleibt alles anders

„Erde zu Erde…"
talarschwarzes Murmeln
fällt dumpf in die Gruft

Dachziegel klappern -
das lyrikzarte Mädchen
verschüttet Tee

Das alte Wort bricht -
unterm Magnolienhimmel
wird neu verhandelt

Griechische Scherben
Aus aufgebroch´ner Erde -
Denken an Freud

Nachtgesang vom Meer
im letzten Viertel der Mond
Nebel steigen auf

Disteln dornen sich
durch urzeitliches Geröll
ins karge Dasein

Brackwasser-Farbe
von längst verbeultem Kupfer
und darunter Torf

Das alte Gesicht
ein zersplitterter Spiegel
lebt langsamer jetzt

Die Sonne zerbirst
in brodelnden Kulissen
schwarzer Moortümpel

Die Nacht brandet auf
und in sein letztes Viertel
schwimmt sachte der Mond

Die Blätter des Traums
kommen schräg um die Ecke
verstellen die Sicht

Weiße Sturmweiten
unter und über dem Kliff
Gischt in meinem Mund

Der Junge im Boot
sein sprungbereiter Rücken
beim schnellen Rudern

Flüsternder Morgen
alle Schatten voller Licht
Grenzen verschwimmen

An der Landzunge
spielt das Meer auf dem Geröll
Bach für Strandläufer

Das Staunen lässt nach
die Düne wächst ins Zimmer
Flüstern des Jenseits

Der Wind der Zeit weht
Ich gehe mir verloren
Wann finde ich mich?

Hieroglyphen-Stein
durch Zeit und Meere gerollt
bis vor meinen Fuß

Zwischen den Seiten
des aufgetauchten Buches
kirgisischer Mohn

Der Wein ist römisch-katholisch

Nacht schon, doch der Pfarrer findet keinen Frieden,
sein Kelch ist längst zum Überlaufen voll
und stößt ihm bitter auf.
Und doch und doch: er muss ihn trinken,
denn römisch-katholisch ist auch der Wein.

Neben dem Schwedenhaus

Das Plumpsklo liegt im Schatten junger Tannen,
begrüßt den Gast mit Herzchen an der Tür.
Dahinter dann der Doppelsitzer
Gelegentlich gedacht für zwei Popos,
ein Mutter-Kind-Idyll und eins für jene,
die unaufhörlich unzertrennlich sind.

Schneereicher Winter

Am Tage Schnee
und Schnee des Nachts.
Raumschiffen gleich
setzen Wolkenbäuche auf
und ebnen das Tal.
Kamine tragen Priesterkragen
und die Dächer ächzen.

Nachts blüht der Mut

Nachts blüht der Mut
Der Verzweifelten.

Hinter vorgehaltener Hand
Gebärdet sich schließlich das Wort.

Unwillig zittern fremde Ohren.

In frenetischer Umklammerung
kehrt morgens
die Einsamkeit zurück.

Das Leben ist wie eine Waage

Das Leben ist wie eine Waage,
wir müssen wagen, uns zu wiegen,
obwohl sie offen bleibt, die Frage,
ob wir verlieren oder siegen.
Es sind nicht immer eigene Gewichte,
die eine Schale in die Höhe ziehn,
eingewoben tief in unsere Geschichte
sind Kräfte von weit weither, die kommen oder fliehn.

Liebesgedicht

In der Dünung der Zeit
Bist du der Augenblick,
der nie vergeht.

Steine

Steine,
Sterne des Urknalls,
durch die Schonbezüge des Himmels
gestürzt.
Auch Ihr Geworfene?
Und woher gezeugt?

Nimm ein Land wie Italien

Nimm ein Land wie Italien,
vom Licht ins Meer gezogen,
ein Schiff unter Segeln aus Glas.
Da flammen die Farben,
da splittert die Sonne,
und vom Horizont
wehen Sterne und Blüten herüber.

Du fühlst es -
Aber es bleibt ein Rest.
Du kannst die Bilder nicht fassen.

Du müsstest Malerin sein,
jeder Finger ein Pinsel.
Du holtest den Rest in das Bild
Und banntest ein Blau in die Brandung,
als sei es im Ofen gebrannt.

Der Dichter mit der Pinzette

Tief hängt die Bugenvilea
ins Fenster
und wirft einen Schatten
auf den schlafenden Dichter.

Er hält die Pinzette
Noch schlaff in der Hand,
mit der er die Worte
behutsam und einzeln
aus einem verblassenden Text
herauslöst,
wie ein Archäologe
römische Münzen
aus altem Gemäuer holt.

Capri

Lässt sich über Capri noch schreiben?
Die Insel erstickt in Superlativen.
Und längst geht ihr die Luft aus
Vor so vielen Grotten, Göttern und Gicht.

Man müsste ein neues Weltbild erfinden.

Amalfi

Auch André´ Gide war hier oben
Und hat ein kluges Wort gesagt.
Ich vergaß es beim Abstieg,
als ich Amalfi von der anderen Seite sah.

Suchender Dichter

Nichts kommt
dem ungesättigten Hirn gleich
wie der suchende Dichter,
der aus Mangel an Muskeln
nur Laptops und Zettel bevölkert
und nachts alles wegwischt
wie Bierschaum von Bärten,
weil nicht mal drei Wörter
Himmelfahrt haben
Und der Rahmen fürs Bild
Beim Berühren zerfällt.

Ende eines Sommers in Lappland

Wollgras-Flocken über einem Markt in Lappland,
und der Sommer leuchtet hell aus tausend Pfützen.
Die Augen der Mädchen schwimmen
wie aufgehende Sonnen.
Pullovertag.
Mit seinen Nebellaken steht das Hochmoor
schon in großer Prosa.

Unmerklich bin ich alt geworden

Unmerklich bin ich alt geworden.
Jetzt, da ich´s spüre,
rieselt hörbarer schon die Sanduhr,
und in den Zeitungen lese ich
bestimmte Annoncen interessierter als sonst.
Das Leben schweift aus.

Männer und Frauen

Männer häuten sich schneller,
treten aus ihren Körpern heraus
und erobern die Stadt.

Frauen halten die Erde,
legen sich auf ihre Wunden
und bergen mit ihrem Körper das Land.

Männer stehen,
Frauen liegen,
Männer brechen,
Frauen biegen,
Männer kämpfen,
Frauen siegen.

Transformation

Ich nehme mir ein bisschen Himmel
und lehne mich an eine Bretterwand.
Der Horizont kommt mit,
mein ambulanter Geselle.
Wir heben uns hinein ins Zwielicht,
wo die Sonne sich schwärzt
und erste Sterne aufkeimen.
Wir lassen die Mondscherbe
ziemlich links liegen,
bis unsre Nervenenden vibrieren
und Spiralnebel sichtbar werden.

Schon nisten in mir Planeten,
und ich tauche in Lichtjahre ein.
Ortlos bin ich geborgen und weiß,
dass die Welt sich ohne mich
nicht mehr weiterdrehen kann.

Beatmete Verse

Unter meiner Hirnschale
nisten Hieroglyphen,
ungeborene Verse
oder auch Widergänger.
Im Dunkel meiner Herzgrube
Sammeln sich Adromeda-Nebel.
Sie füllen die Brust
Und schwappen bis an die Kehle.

Da zündet der Blitz,
schlägt aus dem Hirn in die Brust.
Was nun über die Lippen schwillt,
sind ein paar beatmete Verse.

Im Echo der Bilder

Im Echo der Bilder
glänzen Altäre, Klöster, Kapellen.
Von den Wänden hallen Gebete -
Ebbe und Flut, vor und zurück.
Die Priester murmeln im Leerlauf Gebete
vor und zurück.

Ich berge die Bilder
und halte die Rhythmen.
Erst in meiner Stille
füge ich das Kleinod
in das alte Skelett
eines uralten Gedichts,
in dem lange schon kein Vers
mehr haften wollte.

Liebesbeziehung

Wie fragil ist die Architektur
ihrer Liebesbeziehung -
noch verdeckt von Geranien
und Wein auf Terrassen.
Sie klirrt mit dem Armband
Und lockt mit befeuchteten Lippen.
Er macht ihr Versprechungen,
die sich auf morgen berufen.

Und die Liebe - wer redet von Liebe? -
zeigt sich in ihrer Scherbengestalt.

Das Mädchen zum Dichter

Ich habe meine Brüste
für dich aus dem Halfter geholt
und meine geheimsten Häute
mit Weihwasser beträufelt.

Meine Sehnsucht nach dir,
diese Blitze in Fingern und Füßen,
dieser Fluss aus Säuren und Salz
haben meine Seele gekrümmt
und meine Pupillen geweitet.

Du aber hast über all diese Jahre
mir immer nur Tinte entgegen gespritzt.

Über Gräbern

Über Gräbern flammt Morgenröte,
sie ist übrigens weiblich,
was neues Leben verheißt.
Vielleicht wird die Eiche noch gepflanzt,
aus der die Bretter für meinen Sarg
gehobelt werden.
Wer weiß?!

Auf Friedhöfen

So deprimierend ist das nicht,
Friedhöfe zu besuchen.
Das ist nicht nur
Lebensablenkung und Lustchloroform.
Geschlechterfriedhöfe zum Beispiel
Erzählen illustre Geschichten.

Manchmal steht der Tod
plötzlich im Raum
und beugt sich über eine Calla
oder eine Chrysantheme
an einem Wintertag vielleicht mit Schnee.
Das ist doch feierlich. Da klirrt die Seele.
Schließlich bin ich dem Leben im Wort.

In den Augen des Traumes

Dich in den Augen
des Traumes spiegeln,
kann verwundbar sein,
denn sie sind größer als Monde.
Manchmal wird
dein fleischgewordenes Weltbild
in eine neue Ordnung geworfen.

Er war gegangen

Er war gegangen,
es gab keine Szene
und noch keinen Schmerz.

Nur Wildnis in ihr
und ein fernes Erahnen,
dass Teile der Haut
unbewohnbar geblieben sind.

Ralf Hilbert

Zuletzt
ohne Jahr
ins Bett, ohne
die Wärme
hinter
den Augen.

Am Ende
Blut im Schuh.

Schöner Schatten, du,
nimmst mich immer fort von hier,
die Stunde der Flucht,
in eine Faust gesprochen:
mein Wort mit dir übersetzt.

Heißer Augusttag;
niemand ist auf dem Friedhof:
zu viele Namen.

Marx

(kein Haiku)

Schatten seiner Wimpern
fallen aufs Kapital.
Sie sind ohne Gebrauchswert.

Die Welt im Sommer,
allzu weit für die Enge
meiner Herzen Haut.

Auf der Bettkante.
Was Vernünftiges sagen,
doch abends tönt es Herbst.

Zuletzt zu sehen:
Sturm, der Wald schwingt wie das Meer.
So sterbe ich schön.

Rose verblutet,
ich feier mit jedem Wort
die hohe Wunde.

Jenseits der Gärten
kommt von nirgendwo Hoffnung:
sie stirbt auf dem Fuß.

Was wir alles tun
in Erwägung des Todes:
Auferstandene.

Ohnesorgs Engel

Vergangen, Verlangen:
Ohnesorgs Engel - Liebestod.

In deinem Weichbild,
Schnee bricht sich in deinem Haar,
bekannte Härten.

Die warme Tinte
auf dem Papier Chamois
das freie Gedicht,
das Journal am Balkontisch
an einem Sommermorgen.

Auf den neuen Blick:
alles grün, gestern noch blind.
Kar: ein Paar am Kreuz,
einfach die Augen schließen,
den Schlüssel im Schloß drehen.

Die Lohe der Bluht.
Karfreitag, mein letztes Hemd,
alle Farben fremd.

Anfangs Lieder, wach
am bittern Ende der Nacht,
in Mondnähe: schwer

Nie gestilltes Los,
ängstigen uns die Stunden?,
dein heimliches Land,
verborgen, der Opferstein,
verwandelt, dein altes Lied.

Heilige Nacht

Es fror sie.
Das Kind ballt
die Fäustchen,
Maria kann sich
nicht erinnern,
Josef ist ratlos,
die Sprache des Engels,
das Idiom der Hirten:
verständlich.

Der Stern steht stille.

Frakturen

Die Schwurhand
kreuzt die Brust.

Gottesbeweis.

Wir gehen
stürzend.

Engel.

Unmöglich,
die Liebe des anderen zu begreifen;
hör auf zu pochen, Herz,
obwohl:
manchmal möchtest du große Worte
von Freundschaft, Liebe und Tod,
es beweist nur,
daß du sterblich bist.

Im Haus zur Hochzeit,
die Geräusche des Sommers
nah und zweifellos.
Vor den Fenstern, in der Flur
wächst Mohn aus den Paletten.

Fraglos vernommen,
das Verstummen der Uhren:
nicht mehr meine Schuld.
Strengster, trägster der Sterne,
Mörder mit der warmen Hand.

Der Stoff blutet durch,
unterm Licht krümmt sich der Leib,
Schnitt auf Schnitt im Tag.

Selbst im Lippenspalt
und im ältesten Auge
kommen wir noch frei,
und offeneren Auges
blühen schon die Narzissen.

Meine Liebe ist
wie das Brot in der Milch
auf dem Tisch,
das Messer zwischen
den Zähnen.

Wenn du fortgehst,
nehme ich dir den Wind
aus den Segeln.

Ich weiß, es ist Herbst -
ganz gleich, was alle sagen -,
der Zweifel wegen.

Federn gelesen.
Sie kann auch einmal brechen,
die leichte Schulter.

Deine Zeit wird eng,
die Pappel wächst dir am Fuß,
märzkrank, ihr Sinn,
ihre Stimme hörst du nicht,
mündend nur *deine* Stimme.

Ostern zu Hause:
ißt wie ein Vogel, sagt sie,
ein verletzter Spatz.
Regen am Ostersonntag,
kalt die Erde, untertan.

Ein Zweig grad im Licht:
die Sonne noch hinterm Dach,
im Sommerschatten.

Die Kamelie
verliert ihre Blüte ganz
wie unsere, alt.

Marko Ferst

Fliegende Glüher
grün treiben sie im Nachtwind
es wird bald kühler

Wärmere Tage
braune Holzböcke im Fell
furchtbare Plage

Im tropischen Wald
daumendick Regenwürmer
fast wie Schlangen bald

Protest wünscht ihn fort
Nemzow mochte Putin nicht
am Kreml ein Mord

Von Sand überdeckt
darunter lagert viel Müll
das Gift dort vollstreckt

Von Gelb übersät
Butterblumenschnee leuchtet
heute wird gemäht

In der Nacht Klappern
Es hört sich an wie Störche
tags reges Flattern

Museumsdorf im Elsaß

Credos versinken
Mal für ihn scheint Abu Ghreib
laßt ihn doch winken

Die kleinen Lügen
schnell zu Fuß sind sie häufig
Menschen ermüden

Durch enge Gassen
in Venedigs Stadtfluchten
Boote verlassen

Zerstörungseifer
sie wollen Kaisersteine
die Palastschleifer

Es pfeift gefährlich
Gespenster im Krankenhaus
der Wind spukt, ehrlich!

in der Parkklinik Weißensee

Lore Tomalla

Wind von den Bergen
den Wollschal doppelt binden
es duftet nach Schnee

Brombeeren naschen
am Rande des Parkplatzes
auch das ist Großstadt

In der Astgabel
das Taubennest - vom Winde
unsanft gschüttelt

Im Webeprospekt
lag ein Cent als Glücksbringer
hat nicht geholfen

Abrupt aufgehört
der Traktor Lärm - Arbeiter
hat Mittagspause

Jugendliche stehn
am Hoteleingang - warten
auf Elvis Double

Im verschraubten Glas
zwischen den Sternchennudeln
Gewittertierchen
mitgekauft habe ich die
in Form winziger Eier

Gerd Zipper

Taubedeckte Wiese
Die Maus putzt ihre Nase
Kreisender Habicht

Sonne auf Hauswand
Hund trinkt Wasser aus dem Napf
Spinne neben Netz

Gelber Horizont
Bäume biegen sich im Wind
Schwefelgeruch

Knackende Äste
Feuchtes Moos im Nebel
Geruch von Pilzen

Spiegelndes Wasser
Krötenlaich im Morgenlicht
Der Wagen naht

Schnee auf der Tanne
Sonne bricht durch die Wolken
Tropfen unterm Baum

Drückender Nebel
Feuchtigkeit in der Seele
Abend im Herbst

Donauversickerung
Keine Chance - hinunter
in die Tiefe

Hängende Fransen,
nur acht tanzen im Luftzug,
die anderen trauern

Kerosingeruch
dort ein startendes Flugzeug
Urlaubsgefühle

Judith-Katja Raab

Die Hoffnung verfliegt
mit dem Nebel der Abschied
verschäumt seine Form.

In frostiger Luft
durch den Himmel Donner tobt
vom Düsenflieger.

Durch den Türspalt Licht
blitzt wie ein silbernes Schwert
aus dem fremden Raum.

Rätsel des Himmels
Geheimnis ohne Schatten
Vergehen tritt hervor.

Aus blinder Tiefe
erleuchten Träume die Nacht
in rastloser Welt.

Eine Handvoll Angst
im flüchtigen Bach die Furche
zeigt welke Triebe.

Das wüste Wortgift
Welle in wehender Nacht
rollt zurück ins Meer.

Die Silbermünzen
im Fluß Schlangengestirne
Brücken voll Wurmfraß.

Durch kalte Straßen
streicht die Stunde im Wahnsinn
den Strick in der Faust.

Der steinalte Baum
von Strommasten umwittert
wurzelt im Erdreich.

Im Lärm des Wachsens
beim abgekarteten Spiel
fiebert Licht seltsam.

Ein Regentropfen
haucht der Knospe Leben ein
im Strahl der Sonne.

Blitz und Donner
spinnen Fäden unsichtbar
Stimmen aus dem All.

Am ruhigen Bach
Lämmchen saugen an Zitzen
Zauber des Friedens.

Im Völkerfrieden
eine Wahrheit sich Bahn bricht
vom Sinn des Menschseins.

Der Saft des Palmbaums
umsonst tränkt den blauen Ball.
Der Rauchpilz lauert.

Blut färbt die Ströme.
Banken fressen Menschenfleisch.
Der Planet vergeht.

Reporter zahlreich
knuspern an Krisenherden
das Image im Blick.

Es regnet Bomben
auf der Mattscheibe so nah
die Leidenswüste.

Segnung der Waffen
die Hohen und Heiligen
glauben an Freiheit.

Tod im Fadenkreuz
Drohnen per Joystik ein Reich
Besitzer wechselt.

Raketen feuern
Atom im Atemstrom
mähen die Menschen.

Hinterm Stacheldraht
nackte Füße auf der Flucht
vorm Thor*der Christen.   *Kriegsgott

Gewalt auf Kredit
verbonzt mit Geld der Wettkampf
über Leichen geht.

Dieter Strametz

Niederlage

Als sie ihm
alle seine Fehler
bewiesen hatte
endgültig

ging er fort
überließ ihr
das Schlachtfeld
kampflos

Warum Gott tot ist

Gott der die Menschheit machte
und sah wie sie verdarb
saß da und lachte lachte
bis er daran verstarb

Gib acht

Gib acht
wenn du einmal
ihren Namen
in die Rinde
schneidest
wird dein Lebensbaum
bluten
ein Leben lang

Liebe und Hass

Meine Liebe
ist ein tiefer Bergsee
mein Hass
fällt bis zum Grund

Meine Liebe
ist eine Blumenwiese
mein Hass
frisst sie kahl

Gemeinsamkeit

Essen gehen
werden wir nie
miteinander

Aber die Würmer
werden uns fressen
alle beide

Überleben

Die seine Jugend
gestohlen haben
jagen ihn jetzt
in das Alter

Mit lauter kleinen
Gelegenheitsdiebereien
rettet er sich
über die Zeit

Hoffnungslos

Der Ozean
war ich nie
hin und wieder
ein Bach
du immer
die Wüste

Olympiasieger

Er weiß dass die Schmerzen
dort am größten sind
wo die Narben liegen
der alten Wunden

Nur an den richtigen Stellen
treffen dich seine Hiebe
er ist Olympiasieger
im Foltern

Payback

Für alle Arbeit
für alle Mühe
für alle Liebe
für alles Geld

Kleine Münze zurück
bekommen oder nichts
und trotzdem
gar nichts bereut

Vanitas

Es dreht sich alles auf der Welt
um Ruhm und Ehre, Macht und Geld
ganz klar dass alles das vergeht
und nur die Welt sich weiter dreht

Erika Maassen

Abend in der Stadt

Abend in der Stadt
Dunkelheit kriecht langsam hoch
Wärm mich am Abschied

Fürcht mich vor der Nacht
Wenn letzte Lichter schwinden
Erinnerungen

Hoffe auf den Tag
Erdulde die Einsamkeit
bald wirds wieder hell

Schatten verblassen
Tanke neue Zuversicht
Kreislauf der Hoffnung

Abschied

Abschied vom Sommer
Noch streichelt ein warmer Wind
Wartezeit vor Frost

Bin angekommen
Bevor die Blätter fallen
Zeitig geankert

Der Herbst hält Einzug
Lange hab ich ihm getrotzt
Frost klopft ans Fenster

Altweibersommer

Altweibersommer
Silbrige Perlen im Netz
Schönheit des Abschieds

Lieg auf der Lauer
Tage Arbeit hinter mir
Verfing sich nur Tau

So geht es mir oft
Schmücke mich und dufte gut
Wer geht mir ins Netz

Angekommen

Am Ort der Stille
Libellen auf Mückenfang
Geborgen mein Herz

Suche die Sonne
So lang sie mich wärmen wird
Dunkelheit lauert

Verlassen das Boot
Bin angekommen im Jetzt
Bevor Abend kommt

Vollmond

An der Mondsichel
häng ich meine Träume auf
Ein dummer Einfall

Rundet sich der Mond
rutschen die Träume abwärts
Es gibt keinen Halt

Fessle die Träume
Nähert sich nun der Vollmond
darfst du sie pflücken

Schatten

Bin nicht mehr allein
Auf allen Wegen folgt mir
Schatten der Schwermut

Beim Haiku schreiben
Vergaß ich meinen Schatten
Bin lichtdurchflutet

Strebe zur Sonne
Mein Schatten bleibt hinter mir
Und meine Sorgen

Langsam werd ich alt
gütig des Schattens Gewand
Friedlich mein Gemüt

Häuser im Dunkel
Bis ein kleines Glühwürmchen
Licht in Schatten bringt

Motte fliegt zum Licht
Ihr Schatten scheint ein Adler
Bevor sie verglüht

Veilchen

Blausamtenes Veilchen
Aus deinem Antlitz leuchten
Goldene Augen

Unter meinem Fuß
Auf fröhlicher Wanderung
Stirbt still ein Veilchen

Ein Veilchen im Moos
Gebrochen von Kinderhand
Opfer aus Liebe

Blühen überall

Blumen überall
Zeigen den Weg den du gingst
Erinnern an dich

Erfreuliche Spur
Gern denk ich an dich zurück
Blühen wo du weiltest

Bleibende Spuren
Seh sie nächstes Jahr wieder
Sie verweht kein Wind

Die Blüte neigt sich
hin zur Honigsammlerin
Schicksalsergeben

Herbst am Meer

Buntfarbenes Laub
Die Tage werden kürzer
Kräftig weht ein Wind

Bleich sinkt die Sonne
Schmatzende Schritte im Watt
Achtung, die Flut kommt

Kahn dümpelt heimwärts
Ein Matrose summt Shanties
Reichlicher Fischfang

Knisternder Kandis
Sahnewölkchen auf dem Grund
Ostfriesischer Tee

Rosenblüten

Die Rosenblüte
Rot wie der Liebsten Lippen
Schnell welkt sie dahin

Glutrote Rose
Willst du mir Liebe zeigen?
Läuse saugen schon

Süßer Rosenduft
Noch von welkenden Blüten
Wohlriechender Tod

Eishauch des Abschieds
Rosen zersplittern im Frost
Kein Frühling für sie

Erntezeit

Erntezeit vorbei
Einsam die Stoppelfelder
Sturzflug der Krähen

Zikadengesang
Der Weizen abgeerntet
Die Scheuern gefüllt

Still ruht der Acker
Nur Kornblumen, Kamille
Schau, Federwölkchen

Vögel sammeln sich
Sie fliehen in den Süden
Ich muss hierbleiben

Erwachen am Meer

Erwachen am Meer
Dies ganz besondere Licht
Hell doch nicht blendend

Still, doch nicht so ganz
Möwenruf über den Strand
Möcht mit ihnen ziehn

Wind zaust mir das Haar
trocknet den Angstschweiß der Nacht
Weht die Träume fort

Ich grüße den Tag
Die Luft riecht nach Salz und Teer
Möchte schreien vor Luft

Herbstwald

Gang durch den Herbstwald
Durchs Laub goldene Sonne
Altweibersommer.

Sonnenwarme Luft
Libellen über dem See.
Die Frösche quaken

Fäden in der Luft
künden den kommenden Herbst
Wehmütig wird mir

Schon steigt der Nebel
In der Luft ein erster Hauch
lässt Kälte ahnen

Bonsai

Genügsam bist du
Du meine Bonsaibirke
Gestutzt beschnitten

Ich hab dich ja lieb
Doch hast wenig Platz bei mir
Bleibt nur Zwergenwuchs

Ach Bonsailiebe
Eingedämmt in Form gezwängt
Aber weit mein Herz

Herbst

Goldne Herbstsonne
Nie sanfter als beim Abschied
Kurz vor der Kälte

Hab schon lang getrotzt
Jetzt stehst du vor meiner Tür
Bittest um Einlass

Mein Herz ist bereit
Hab es mit Liebe gefüllt
Frost kann nun kommen

Kleines Lichtlein brennt
Beleuchtet den Weg zu mir
Will Wärme teilen

Jakobsweg

Jakobsweg - mein Traum
Bin zum Pilgern schon zu alt
Andre gehn für mich

Auf bemoostem Pfad
Suchte ich nach meinem Weg
Fand Vergangenheit

Floh aus der Heimat
Schwer hier Wurzeln zu fassen
Boden gefroren

Schau zu den Sternen
Unserer Augen Blicke
Treffen sich im All

Klirrende Kälte

Klirrende Kälte
Eisbären dicht beisammen
Liebe kann wärmen

Daraus lerne ich
Versuche mich zu lieben
Warm wird mir ums Herz

Reicht auch noch für dich
Eng rücken wir zusammen
Für Kälte kein Platz

Kostbare Tage

Kostbare Tage
Schau auf die Lebensernte
Liebe erhalten

Halt fest was wichtig
Denn so schnell verrinnt die Zeit
Der Augenblick zählt

Du schenktest mir Glück
Musst Abschied nehmen von dir
Dankbar nach Verlust

Am Schluss wird gesiebt
Die Ernte meines Lebens
War´s gut oder schlecht?

Herbstliebe

Mein Herz pocht heftig
Hoffentlich gefall ich ihm
Lass mir bitte Zeit

Kirschblütenzweige
Auf dem Wandschirm zwischen uns
Frost wartet draußen

Zeig mich heut ungern
Habe beste Zeit verpasst
Werd Abschied nehmen

Adventkalender

Nun ist es soweit
Jeden Morgen ein Türchen
Ich öffne die Eins

So geht´s Tag für Tag
Darf nicht eines vergessen
Ich hasse Süßes

Doch die Neugier steigt
Kontrolle ist mir gewiss
Scheiß Schokolade

Heute Nummer fünf
Immer gehorsam wie einst
Wann ist endlich Schluss

Schreck beim Erwachen
Zehn und kein Vorbei in Sicht
Überdruss heftig

Wann kommt das Christkind
Erlöst mich vom Kalender
Muss noch durchhalten

Was hab ich getan
Warum muss ich so leiden
Ein leichtes Würgen

Letzter Tag erreicht
Öffne die vierundzwanzig
Doch was kommt morgen?

Kinderzeit

Schlaflose Nächte
Mäuse naschen vom Gebäck
Nichts Mama sagen

Buch für Buch lesen
Der Schlaf kommt erst am Morgen
Hungrig aus dem Bett

Küche bitterkalt
An den feuchten Wänden Eis
Wasser unter Strom

Drei Kilometer
Der Weg zu unsrer Schule
Endlich wird mir warm

Schnecken

Schleimspuren von dir
Nicht erfreulich dein Leben
Vielfältig dein Tod

Man lock dich mit Bier
Obwohl du kein Trinker bist
Doch es macht süchtig

Auch Schneckenkorn gibt's
Habs euch nie fressen sehen
Es hilft? Ein Gerücht?

Doch ich hab euch gern
In Kräuterbutter gegart
Bekomm Appetit

Wintereinbruch

Schnee fiel in der Nacht.
Kalt weht der Wind von Norden.
Wer gibt mir Wärme?

Ach wär es soweit
Träum am vereisten Fenster
Bilder vom Frühling

Tiefer Schnee draußen
Warm lieg ich in deinem Arm.
Wer liebt mich morgen

Schnee auf der Tanne.
Jubelnd eine Amsel singt.
Lockt sie den Frühling?

Licht

Schwer der Gang zum Licht
Doch der Blick aus dem Dunkel
lohnt die Anstrengung

Nicht leicht war Weg
Bis hin zum Regenbogen
Jetzt bin ich glücklich

Mimose

Brauchst bei mir Geduld
Nur ein Hauch kann mich stören
Bin schüchtern und bang

Sonnenähnlichgelb
Zu warm zu kalt mag ich nicht
Könnte mein Tod sein

Berühre mich nicht
Eine Mimose bin ich
Zieh mich sonst zurück

Sonnenuntergang

Glutrote Sonne
Traf dich im schneeweißen Feld
Oh so warm ward mir

Konnt sie nicht halten
die schnell sinkende Sonne
Dunkel wird's um mich

Sonne ging unter
In der Höhle warten schon
die Fledermäuse

Märzschnee

Tage im Märzschnee
Vorbei wie nicht gewesen
Erinnerungen

Tage der Schwermut
Hab dir leider nicht getraut
Auch ich hab geliebt

Tage voll Liebe
Aufgefrischt beim Erzählen
Mir das Herz gewärmt

Ungeliebt

Urteil der Eltern
Hopfen und Malz verloren
Fand es - trink jetzt Bier

Jäte Biergarten
Pflanze nun Hopfen und Malz
Ernte Bierblumen

Schaum auf meinem Glas
Bedeckt das ersehnte Nass
Löscht den Durst - Schaum bleibt

Trinke nicht gern Bier
Meide es, weil´s süchtig macht
Vernicht es täglich

Ein Hoch auf das Bier
Mein Hab und Gut verloren
Suche jetzt Spender

Muss vom Bier niesen
Deshalb runter mit dem Zeug
Bin blau - Nase rot

Angekommen

Verlassen das Boot
Bin angekommen im Jetzt
Bevor es dunkelt

Am Ort der Stille
Libellen auf Mückenfang
Geborgen mein Herz

Suche die Sonne
So lang sie mich wärmen wird
Dunkelheit lauert

Liebe

Wenn Jahre vergehn
Einsichten kommen und gehen
Möchte ich Frieden

Ballast abwerfen
Nicht immer gelingt es mir
Man bringt ihn zurück

Offne Rechnungen, Unrecht
Mir bleiben dann nur Träume
Träume von Ruhe

Nicht große Worte
Die kleinen Gesten sind es
Die mich erfreuen

Eines hilft immer
Über alles Liebe decken
Nur sie heilt Wunden

Suche

Belebtest den Stein
Zwischen Fels der mich deckte
Wie fandest du mich

Schön gegen hässlich
Straßenkampf Mobbing genannt
zum Steinerweichen

Leben gegen Tod
Reinheit gegen Menschlichkeit
Ewige Trauer

Mohnblüten

Zwei zarte Dinge
Wollen beide keinen Druck
Liebe und der Mohn

Mohnblüten glühen
Knittrige Seide im Wind
Feurig wie die Liebe

Lass dich nicht täuschen
In der Mitte des Sommers
Glüht noch rot der Mohn

Was bringt es mir denn
zu blühen und zu glühen
Niemand sieht mich hier

Marco Wittemann

Tau auf den Gräsern.
Die Vögel singen Lieder,
grüßen den Frühling.

Wiese im August.
Ein unerbittlicher Kampf
tobt im hohen Gras.

Die Wolke ist satt.
Als warmer Sommerregen
fällt sie herunter.

Herbstlaub am Boden.
Die Farben sind vielfältig.
Es raschelt im Wind.

Bitterkalte Luft.
Von all den kahlen Bäumen
erklingt kein einziges Lied.

Draußen Schneeflocken.
Im Haus knistert ein Feuer.
Die Katze wärmt sich.

Willi Volka

Zahllose Krisen
werfen Schatten über uns.
Lichtlos mitten drin.

Fahrpläne kreuzen
zeitlang ein Zugvogel sein.
Auf Weichen zu Haus.

Wer den Gipfel sieht
weiß vom Weg hinauf zu ihm.
Träumen im Nebel.

Zug ist verspätet
die Anschlüsse sind verpasst.
Sonne hält nicht an.

Hoch, höher, weiter.
Schweben, in Freiheit atmen.
Ankommen unten.

Schnelle Zerstörung
oft aus dunklem Himmel stürzt.
Biene sticht einmal.

Mit leichten Füßen
durch den Tag balancieren
Bodenlos die Nacht.

Ein kantiger Fels
vom Wasser rund geschliffen
Sanduhr rieselt Zeit

Die Kellerassel
im Dunkeln zufrieden lebt
solange kein Licht.

In Teichen badet
Mond mit Nacht eng verschlungen
silbern springt ein Fisch.

Hält an, ein Mann, auf seiner Reis' in Buxtehude
Lag gerade auf seiner Route.
Doch bevor er weiter reisen sollte,
Wiebke Deern ihn halten wollte,
Verzichtete der Mann auf die Reise dann in Buxtehude.

Fährt mit der Eisenbahn nach Winchester,
Fleißig strickend eine Schwester.
Reist allein im Abteil,
Trägt Haube, führt den Stricknadelpfeil.
Überflüssig bei himmlischem Beistand ist eine Winchester.

Kommen Sommergäste nach Herford
Zum trägen Verharren am sommerlichen Ort,
Fließen Pilse viele, recht kühl,
Bei brütender Hitze im schäumenden Spiel.
Zechen im Hitzerekord mit und ohne Herford.

Ein Mann aus Jordanien
Hält sich an Formalien,
Trägt vor dem Bauch seinen Dolch,
Schreckt damit jeden Strolch.
Wen sehnt es da nicht nach Orangien!

Frieden und Krieg

Frieden nicht verpacken, ihn offen legen.
Frieden nicht verschenken, an ihm hängen.
Ruht der Krieg, bitte nicht stören!

Krieg - Frieden - Krieg - Frieden: Unterbrechung bitte!
Ein Friedensgeschenk. Was will ich mehr?

Jeder Krieg ist einer zu viel!

Susanne Rzymbowski

Leben
im Abschnitt
vergänglich
getragener Rätsel
fließende Quell

Meerjungfrau
im Ozean
gestrandet
voller Plastik
das Haupt

Cleo A. Wiertz

Über mir Schwärze,
doch der Bach leuchtet silbern,
und mein Herz wird leicht.

In meinem Weiher
spiegeln sich dunkle Wolken.
Darin, rot, ein Fisch.

Von Norden her Sturm.
Die letzte Dahlie im Beet
lacht ihm entgegen.

Ein schöner Herbsttag -
Spaziergänger freuen sich.
Ich sehn mich nach Schnee.

Schlechtes Wetter heut!
Wieso denn? Es regnet doch
auf Blätter aus Gold…

Die Welt ist sehr still.
Um mich die Bäume vereist.
Wann kommst du zurück?

In die Stille gehn -
deine Sehnsucht und meine...
Doch was kommt danach?

Du machst mir so Angst:
Schon lang ist Schatten in dir.
Ich wart auf dein Wort.

Gestern noch Sommer,
doch heute fröstelt uns schon.
Die Schatten warten.

Wie wäre es, wenn
du einmal in dich reistest?
Seelensafari!

So lang bin ich schon
auf meiner Schattenreise.
Wann finde ich mich?

Warum soll ich fort,
in ferne Länder reisen?
Bin mir fremd genug.

Über mich hinaus,
weiter, immer weiter gehn.
Hab Heimweh nach mir.

Was treibt zum Reisen?
Ein Leben ist nicht genug.
Selbstvergessenheit.

Wohin ich schaue,
Sand und Felsen und Himmel.
Plötzlich Vogelschrei.

Ich stelle mir vor,
mit Sternbildern zu reisen:
Orion ganz nah.

Unersättlichkeit:
kaum hat sich ein Traum erfüllt,
neue Sehnsüchte.

Müde geritten
hab ich den Stier. Als nächstes:
Sagittarius!

Ich träume vom Meer.
Jenseits der nahen Hügel
wartet die Wüste…

Für Freunde kochen.
Dann gemeinsam im Garten
schlemmen und reden.

Rita H. Greve

Sommer im Süden.
Brunnen gaukeln Kühle vor
in der Mittagsglut.

Der Sommer ist jung.
Noch steigt die Lerche ins Licht,
noch bist du bei mir.

Der Baum vorm Fenster
hat die Blätter verloren,
doch im Raum ist Licht.

Winterwanderung.
Kälte kriecht unter die Haut,
doch deine Hand wärmt.

Die Kraniche ziehn.
Auch mich hält es nicht länger
hier im Nieselgrau.

Die Wasser versiegt
Sonne brennt unerbittlich.
Und trocken mein Mund.

Heißer Wüstenwind.
Nacktes Land, ausgetrocknet,
dürstet wie das Vieh.

Ich stand neben mir.
Ein Lächeln fiel herunter
ohne Wiederkehr.

Der Alltag ist grau.
Verschenk doch du ein Lächeln
und schau, was geschieht.

Dein Lächeln erstarrt,
deine Hände Eisblumen.
Wieder ein Abschied.

Lach doch mal wieder!
rief mein Kind mir bittend zu
und weinte plötzlich.

Gegen Traurigkeit
verschenk doch eine Rose.
Manchmal wirkt`s Wunder.

Er verkauft Rosen
jeden Abend in der Bar -
Sri Lanka so weit.

Düfte wie Seide
in deinem Rosengarten.
Ich bleib` ein Weilchen.

Durch Dornengestrüpp
schlug sich der mutige Prinz.
Er fand sein Röschen.

Ein Abend so lau
als blühten die Rosen noch.
Hast du auch Sehnsucht?

Wieder ist Frühling.
Es blühen Buschwindröschen
für ein paar Tage.

Tage der Rosen -
Schwüre von ew`ger Treue,
doch Alltag so nah

Du Rosenschöne -
Dornen schon in meinem Fleisch.
Kein Entkommen mehr.

Die feine Weiße.
Ein Hauch von zarter Röte
umzieht ihr Gesicht.

Ein wilder Garten.
Ganz von Rosen umschlungen
die alte Skulptur

Ein Rosenblatt fällt.
Schon der Anfang vom Ende.
Es gibt kein Zurück.

Oh - Rosenwasser!
So ein kostbares Geschenk.
Was verschweigst du mir?

Ich wollte Liebe
und was ist mir geblieben?
Nur Trockenrosen.

Verführerisch die
Düfte des Rosengartens.
Du musst entscheiden.

Sommerspaziergang -
die Rosenfelder blühen.
Betörender Duft.

Noch bringt der Wind mir
den süßen Duft der Rosen
und Winter ist weit.

Du edle Rose,
Königin wirst du genannt,
Komm mir nicht zu nah.

Tage der Rosen -
schnell sind sie Vergangenheit.
Der Alltag klopft an.

Veilchen und Rose,
die Bescheidenheit - der Stolz.
Sie duften beide.

Heul nicht mit dem Wolf!
Denk an die weiße Rose,
leiste Widerstand.

Warum auf den Müll?
Die Rosen sind doch nicht schuld,
dass du sprachlos bist.

Du gabst mir Rosen.
Wo soll ich mich hinträumen?
Es ist schon zu spät.

Rose voll erblüht,
letzter süßer Duft verströmt -
Ende des Sommers.

Grete Ruile

Lebensglück

Als ich erstmals deine Augen sah,
begann mein ganz besonderes Glück.
Ein Glück, das in meinem Herzen bleibt und
auch im Dunkeln leuchtet.

Gedankensperre

Versuche gelassen in dir selber zu ruhen,
du kannst dann besser ertragen,
wenn Menschen die Unwahrheit sagen

Verflossener Sommer

Wie schnell verging deine Blütenfülle,
verflog dein üppiger Sommerduft.
Die wenigen Vögel wollen kaum noch jubeln
und Schwere zieht langsam in mein Herz.

Erfülltes

Wo wir uns lieben,
respektieren
und achten,
überall dort
ist Weihnachten.

Das Meer der Seele

-- Augensprache zu zweit --

Niederbrennen

Heute fühle ich mich wie eine Kerze
die sich verzehrt
Ist so alt werden?

Kommende Zeit

Kleinigkeiten machen uns traurig,
Kleinigkeiten trösten uns,
Kleinigkeiten lassen uns wieder vorwärts schauen.

Entzauberte Welt

Niemand hält mir mehr die Türe auf,
hilft mir in den Mantel.
Schenkt mir Blumen,
oder schreibt mir schöne Briefe.

Innehalten
betrachten
Staunen.

Hektisch sein,
rennen,
hasten,
heißt: Du bist nicht.

Ingrid Mundil

Die Nacht spinnt Dunkel
in die Kronen der Bäume,
webt Mond ins Geäst.

Der Morgen streut Rot
auf die Blässe des Himmels
zwischen Nacht und Tag.

Der Traum bohrt Löcher
in die Tiefe des Schlafes
gefüllt mit Sonne.

Der Regen sprüht Nass
an die Scheiben der Fenster
Glasperlenmuster

Schnee zaubert Märchen
aus den Bäumen des Waldes
im Frost kurz vor Tag.

Der Wind treibt Blätter
um die Ecken der Häuser
bis der Schnee sie zähmt.

Verlassen
gelassen sein
zugelassen den Bruch
ausgelassen noch nicht ganz
verlassen

Wind
trägt Wort
gewinnt rauschend Weite
Anspruch auf Macht erhebend
Sturm

Gebrochen
den Stab
unvorsichtig schnell geurteilt
Nachsicht üben nicht gelernt
Vorsicht

Heuduft
eindringlich sanft
mitgenommen aus Kindertagen
weckt Sommerwiese im Winter
Erinnerung

Ingrid Baumgart-Fütterer

Elfchen

Grauenhaft
die Hexenverfolgung -
Leiber gepeinigter Frauen
auf den Scheiterhaufen verglühen

Hexenverbrennung!

Grün
der Laubfrosch,
der Fliegen fängt
mit seiner klebrigen Zunge.

Fliegenfänger!

Hinterhältig
der Heiratsschwindler,
der ahnungslose Frauen
reihenweise aufs Kreuz legt.

Herzensbrecher!

Verrückt
das Huhn,
das bunte Eier
immer zur Osterzeit legt.

Ostereier!

Zielgerichtet
fliegen Fäuste
durch die Luft
und landen unterm Kinn.

Kinnhaken!

Blauschwarz
die Wolken,
aus denen herabregnen
unzählige Katzen und Hunde.

Wolkenbruch!

Jauchig
der Krebs
in den Lungen
zerfällt und Metastasen aussät.

Metastasierung!

Rot
der Gesprächsfaden,
der mir reißt -
was wollte ich sagen?

Gesprächswirrwarr!

Unbändig
die Energie
des quirligen Hundes
beim Apportieren des Balls.

Springinsfeld

Goldrot
die Weinblätter,
auf denen Lichtpunkte
wie Rubine geheimnisvoll aufleuchten.

Herbstlaub!

Lecker
die Garnele
im knusprigen Kartoffelmantel,
Opfer der Haute Cuisine.

Feinschmeckersnack!

Golden
der Sonnenschein,
golden der Wein
in den lichtdurchfluteten Kelchen.

Winzergold!

Feuerwerk
der Liebe,
Explosion von Sternen
in jeder seiner Zellen.

Entrückung!

Bezirzend
ihre Blicke
aus samtenen Rehaugen,
wohliger Schauer durchrieselt ihn.

Verführung!

Zugemüllt
seine Wohnung,
zugemüllt sein Herz
mit Hass und Neid.

Verbitterung!

Verknöchert
seine Ansichten,
verstaubt seine Gedanken,
die ihn nicht loslassen.

Gedankenfalle!

Staubgrau
der Spatz,
der einen Regenwurm
um den Schnabel wickelt.

Tortour!

Grasgrün
die Heuschrecken,
die voller Sprungkraft
sich wie Akrobaten fortbewegen.

Luftakrobatik!

Vertrocknet
der Kothaufen,
aufgetürmt am Wegesrand,
von unzähligen Fliegen bedeckt.

Biomahlzeit!

Weitläufig
die Verzweigungen
unter der Baumrinde,
Buchdruckerkäfer gingen zu Werke.

Holzfraß!

Geheimnisvoll,
die Weissagung
der alten Zigeunerin
aus dem frischen Kaffeesatz.

Kaffeesatzleserei!

Schwarz
die Zahlen,
die das Unternehmen
seit einigen Jahren schreibt.

Konjunktur!

Heulend
der Schneesturm
über Berge hinweg fegt,
Bergsteiger verlieren ihr Leben.

Absturz!

Keuchend
der Atem
aus gequälter Brust,
die gegen Krebs ankämpft.

Lufthunger!

Verrottet
das Holzkreuz
an der Straßenbiegung,
ein Mahnmal des Todes.

Sterbekreuz!

Mächtig
die Eiche
ihr auskragendes Geäst,
beherbergt zahlreiche filigrane Vogelnester

Vogelherberge!

Geschmackvoll
das Waldschlösschen
im Zuckerbäckerstil wirkt,
so richtig zum Anbeißen.

Augenschmaus!

Weiß
das Brautkleid,
das die Verstorbene
in ihrem Sarg trägt.

Totengewand!

Erschütternd
die Berichte
über die Versklavung
von Arbeitern in Pakistan.

Menschenrechtsverletzung!

Blitzlichtgewitter
neugierige Journalisten
umringen den Filmstar
wie eine hungrige Meute.

Paparazzi!

Verlogen
die Kommentare
des notorischen Lügners,
die zu Verstrickungen führen.

Lügengespinst!

Schattenreich
das Spukschloss,
in dem Verstorbene
ein und aus gehen.

Gänsehautfeeling!

Zusammengerollt
die Blätter
der violetten Waldanemonen;
der Tag ist vorbei.

Tagesausklang!

Kollernd
die Angstschreie
der beiden Truthähne,
bevor das Beil zuschlägt.

Schlachtung!

Haiku

Setzlinge im Stress,
Wildtiere tun sich gütlich
an zarten Stängeln.

Steinharte Erde,
Pflanzen kämpfen sich hindurch
mit geknicktem Kopf.

Mit lautem Gebrumm
kämpft der Goldrosenkäfer
gegen den Wind an.

Ein Mähdrescher pflügt
dröhnend durch Weizenfelder,
das Sterben beginnt.

Wildpferde wiehern,
ihre geblähten Nüstern
saugen Herbstluft ein.

Auf schroffem Felsen
wagen Steinböcke Sprünge
über gähnende Abgründe.

Eine Schneedecke
legt sich über die Landschaft,
Stille ist hörbar.

Glühwürmchen leuchten
mit Sternen um die Wette,
zauberhafter Spuk.

An Fensterscheiben
kleben Schatten von Bäumen
in mondheller Nacht.

Die Kirchturmuhr schlägt,
gemahnt mich zum Einteilen
der kostbaren Zeit.

Klosterruinen,
durch die schaurig der Wind heult
„Gänsehautfeeling".

Trompetenklänge,
in der Kirche lobpreisen
die Frommen den Herrn.

Aus Distelwolle
steigen Seidenschirmchen auf,
mit Samen bepackt.

Lokomotiven
rattern vorbei, im Auge
brennt Glut der Schlacke.

Goldglänzender Mond,
der am Sternenhimmel thront
der König der Nacht.

Heftig pocht das Herz
vor Freude in meiner Brust,
ich gehör ganz mir!

Dornenreich der Weg,
der beschritten werden muss,
um sich zu finden.

Ein winziger Frosch
hüpft über schmalem Feldweg;
er jagt Schmeißfliegen.

Wolkengetümmel
durch den aufbrausenden Sturm
in Szene gesetzt.

Tanka

Ein Blütenregen
verwandelt den Untergrund
in einen Teppich,
weich und rosarot gefärbt,
ich gehe wie auf Wolken.

Der Sturm reißt mit sich
die Blüten von Obstbäumen,
verloren gehen
die Äpfel, Birnen, Kirschen,
die in den Blüten stecken.

Schneller Flügelschlag,
Geraschel in Baumwipfeln
ein großer Schatten
senkt sich bedrohlich herab,
ein Adler stürzt sich auf mich.

Es kreist in der Luft
ein Habicht auf Beutezug,
im Visier Küken,
die sich um ein Huhn scharen,
bei dem sie Zuflucht suchen.

Im Schwangerschaftsbauch
geht es seit Wochen hoch her,
es strampelt lebhaft
das ungeborene Kind,
seine Geburt rückt näher.

Bald naht der Abschied
das Leben zieht sich zurück,
die ewige Nacht
bricht nun an für die Seele,
auf ihrer Reise ins Nichts.

Ein Schattendasein
fristet sie neben dem Mann,
der ihr Gatte ist,
ein berühmter Schauspieler,
der stets im Rampenlicht steht.

Die Trauerweiden
werfen düstere Schatten
auf das Kindergrab,
geschmückt mit Teddybären,
Puppen in Engelgestalt.

In grauer Vorzeit
ruhten hier Verstorbene
in ihren Gräbern,
nun sind sie Erde und Staub,
Nährboden für den Weizen.

Verdorrte Pflanzen,
was grün sein sollte ist braun
und zerfällt zu Staub,
die Gluthitze der Sonne
trägt die Schuld am Desaster.

Die Abendröte
dringt vor in meine Seele,
die im Licht aufglüht
und mit ihr eine Ahnung
von einem ewigen Sein.

Trauerumflorte
Augen der jungen Witwe,
schmerzvoller Abschied
mit nicht geweinten Tränen,
die sich im Herzen stauen.

Wie Diamanten
glitzern die Wellenkämme
unter der Sonne,
solang ihr gleißendes Licht
das Meerwasser durchflutet.

Sein Donnerwetter
lässt sie zusammenfahren,
doch dann teilt sie aus,
die Augen blitzen vor Zorn,
grummelnd zieht er sich zurück.

Zorn steigt in ihm hoch
setzt die Seele in Flammen,
er kocht schier vor Wut
eruptiert wie ein Vulkan,
beruhigt sich erst allmählich.

Gedankenfetzen
fragmentierte Gefühle
verfehltes Handeln,
zerschlagenes Porzellan,
zu kittende Beziehung.

Eisiges Schweigen,
vergiftete Gefühle
erstarrte Herzen
brüchige Beziehungen,
überfällige Trennung.

Sanfte Berührung,
liebevolles Geflüster
sprechende Hände,
von Glück erfüllte Herzen,
zwei haben sich gefunden.

Friedliche Stille
würzig duftende Tannen
silbriges Mondlicht,
ein befreites Aufatmen
nach einem stressreichen Tag.

Sternenklare Nacht
Schattengebilde, spukhaft
und bizarr geformt,
erschrecken ihn zu Tode,
er geht ein ins Schattenreich.

weitere Kurzgedichte

Wenn jeder
darauf hinwirken würde,
in Frieden
mit sich selbst zu leben,
sozusagen
die Kriegsführung
gegen die eigene Person
zu unterlassen,
wäre der Weltfrieden
nicht länger eine Utopie.

Wer nur des Partners
Schokoladenseiten
zu schätzen weiß,
trägt zur eigenen
Verbitterung bei
und wird für den anderen
ungenießbar.

Wer sich von anderen
ständig „verbiegen" lässt,
läuft Gefahr,
zum seelischen Krüppel
zu mutieren
und eigene Entwicklungen
zu blockieren.

Sie war erblindet
er war gelähmt, taub und stumm,
beide meisterten
schweres Schicksal gemeinsam,
liebten sich auf ihre Art.

In meinem Auge
eine zappelnde Fliege,
in einer Träne
kämpft sie ums Überleben,
ich kneife mein Auge zu.

Ein helles Lachen
schwillt an zu einem Echo,
das mein Herz berührt
es klingt wie die Fröhlichkeit
der verstorbenen Mutter.

Gedankenfetzen
aufgewühlte Gefühle
rasender Verstand
völliges Unverständnis
fürs eigene Verhalten.

Schaurige Rufe
aus der Kehle der Käuze
melodisch und rau,
sie zerreißen die Stille
einer sternenklaren Nacht.

Die Zeit läuft davon
es gibt noch so viel zu tun,
Unerledigtes
schürt das schlechte Gewissen
und verstärkt gefühlten Stress.

Carina Goetz

Eisiger Kristall.
Meine Hände halten das
Geheimnis des Schnees.

Rose
Rose zwischen Rosen
Schwarze Rose zwischen Rosen
Schwarze Rose zwischen Rosen und fallender Schnee
Oh, Schnee, hier ist jemand kälter als du…

Bücher
Welten entdecken
Buchstaben zwischen Seiten
verzaubern Druckerschwärze auf Pergament
erwecken

Hannelore Furch

Badezeit

Es entfuhr dem Herrn Müller ein „Jeeeh",
als die Ebbe begann an der See,
seinen Kontostand
zeigte an der Strand,
und es brachte ihm Kummer und Weh.

Jan sann: Es kann nicht schaden,
ein Amt sich aufzuladen,
ein Amt mit Band
vom Bundesland.
Er trug es und ging baden.

„Im Meer nimmt's oft 'nen schlimmen Lauf,
ein großer Fisch", sagt Vater Knauf,
„frisst kleine, wie Sardinen."
„Der kriegt", sagt Lars mit Grienen,
„im Leben nich die Dose auf."

Heut' beim Segelclub „Unter den Nassen"
kommentierte die Dias gelassen
Heinz, der Vorführmann:
„Schaut ein Kentern an,
hier lebt grade noch Bruno von Sassen."

„Im Fluss kann der Hund sogar gehen,
sein' Kopf sah im Wasser ich stehen."
Das sagte Pit Klein
und stieg dann hinein
und wurde dann nicht mehr gesehen.

Dirk Tilsner

Meta-ferne Affenbeschwörung

Beim Affengebet blieben Tatzen
Metaphern von lieblichen Katzen:
die schmatzenden Täter
beschwatzten, um später
wie Feta im Äther zu platzen.

Chaos-Theorie

Es war mal ein Falter, ein gelber
in China, der wusste nicht selber
die Flügel zu schlagen.
Da wollt' er's mal wagen,
drauf muhten in Deutschland die Kälber.

Die Ameise und die Zikade

(nach einer alten Fabel)

Die Ameise meint' zur Zikade:
„Du scheinst mir erweislich 'ne Made."
Was schnabelst du Blödsinn,
die Fabel ist schnöd, bin
Dir öffent-beamtliche Gnade!

Drum stürz ich mir Fassbier und Wein rein,
und Du wirst als Lasttier stets klein sein.
Die andre dacht' stille:
‚Ich mach's wie die Grille!'
und schrieb sich in eine Partei ein…

Der eitle Igel

Ein Igelchen stand im Kasino
vorm Spiegel, gespannt, wie im Kino.
Es fauchte wie wild!
(behauchte sein Bild)
und fand sich galant wie ein Dino.

Tankas aus der alten Stadt
(Lissabon)

Jacaranda blüht
Bäume wie Blumenträger
mit Träumen im Korb

die alte Stadt kleidet sich
den Heiligen*1 in lila

Durch die Gassen schwebt
ein Schleier, gewebt in Moll
umhüllt uns - Fado

weint sein ewiges Sehnen
verliert sich über dem Fluss

Menschengebrodel
hastet, klirrt und lacht… vorbei
schweigend ruht ein Gast

auf seinem Hut aus Bronze *2
singt ein Spatz… seine Lieder

*1 - Gemeint ist das Stadtfest zu Ehren des Heiligen Antonius am 13. Juni. Zu dieser Jahreszeit steht auch der Jacaranda in seiner allerschönsten Blüte.

ihr gelb-weißer Bauch
trägt wie Brut hundert Augen
sucht Nahrung im Strom

wie ein Käfer mit Geweih
durch die Altstadt ächzt die Bahn…

Trostlos, die Alten,
ausgewandert, die Jungen,
kein Platz hier für sie *3.

Fanfaren schmettern fröhlich:
„Finanzmarkt - Glaubt uns wieder!"

Höhere Mathematik

Vor langer Zeit, da gab's einmal
ein tolles, flottes Integral;
da traf es eine hübsche Wurzel,
sie liebten sich und schlugen… Purzel…

Bei dieser Gleichung, weiß ein Kenner,
kommt's immer auf den gleichen Nenner:
ein süßer, kleiner Logarithmus,
der seitdem stets und immer mit muss…

---

*2 - Gemeint ist das Denkmal des berühmtesten Dichterkindes der Stadt - Fernando Pessoa (1888-1935), der als Bronzefigur vor einem bekannten Café (A Brasileira) in der Altstadt sitzt.

*3 - Die Statistiken besagen, dass während der Krisenjahre 2012-14 mehrere hunderttausend Menschen, unter ihnen eine riesige Anzahl hochqualifizierter junger Leute, auf der Suche nach Arbeit ausgewandert sind.

*4 - gemeint ist natürlich die allgemein bekannte Knallgasreaktion, bei der aus Wasserstoff (H) und Sauerstoff (O2) Wasser entsteht (H2O).

Höhere Astronomie

Ein kleiner Zwerg - in Falten steht,
ein roter Riese - aufgebläht...
Einst jung, vergnügt, beim Sternen-Tanzen
versprühten sie Protuberanzen
.
und waren stets die Stars im Schwarm.
Nun schmachten sie im Seitenarm...
Wie einst umkreisen sie sich noch
und warten auf das schwarze Loch...

Höhere Chemie

In einem Reagenzglas pennt
ein freches, freies Element.
Gesellt ein anderes sich dazu,
da sind die zwei sich gleich ‚per Du'.

Doch ist die Eintracht nicht von Dauer,
denn bald erscheint - hübsch, rund und drall,
ein drittes! - schmollt, ist ständig sauer,
und schließlich gibt's 'nen großen Knall *[4].

Höhere Physik

Sie sagen, dass die Zeit im Knall beginnt
und seitdem alles in die Ferne strebt.
Des Kosmos' Schicksal aber schwarze Masse spinnt,
die unergründlich dieses Spiel belebt.

Ja und? - Gezweifelt habe ich noch nie,
dass wir nicht mehr sind als ein Blatt im Park.
Im Hintergrund beherrscht uns dunkle Energie
und latscht uns breit - denn wir sind nichts als Quark(s).

Höhere Geologie

Ein Leben lang mit Schlamm bekleidet,
den es erträgt und doch so hasst.
Sein teures Erz, es schweigt und leidet
in einem finsteren Palast.

Doch tief im Innern Rache brennt,
will Wut nur Glut und Feuer spei'n.
Es träumt bis heut' das Sediment,
einmal wie ein Vulkan zu sein.

herrliche Herrschaften in Brüssel
(Kurzgeschichte in Limericks)

Ein Markt-Spezi lebte in Brüssel,
der hatte 'nen Sprung an der Schüssel.
Meint: *Man könnt' statt zu sparen*
doch die Renten bewahren!
Da zog man ihm sofort am Rüssel.

Der Markt-Spezi dacht' er wär schlauer
und sagte dann etwas genauer:
Wenn die Bürger sich quälen
werden die Euch nicht wählen!
Da kam ein Gelächter wie Schauer.

Der Spezi ließ sich nicht vertorten
und klopfte an andere Pforten.
Verscheißert jetzt fachlich
die Herren und lacht sich
ins Fäustchen bei Fitch und Konsorten.

Bald kam die Marie von der Seine,
um mal dem ‚Rechten' zu sehen.
Im Traum sah den Karren
der Zecher und Narren
bei Wahl und bei Sturm untergehen.

Auch andere träumten den Traum
und sabberten rot-braunen Schaum.
Das End' der Geschicht',
das kenne ich nicht;
die Herr'n interessiert das auch kaum.

Bauernrache

(Stanze)

Erbost war der Bauer, denn quer durch sein Feld,
da stöberten Narren nach schnödem Gewinn.
Sie suchten kein'n Schatz und sie suchten kein Geld,
nur ganz kleine Dosen mit Zettelchen drin.
Die Rache, sie stinkt! Und der Gott es vergelt',
denn Saat zu zertreten, das macht keinen Sinn.
Den Geocache hat er als Güllekonfekt
ganz einfach im Stall bei den Schweinen versteckt!

Rosen

Die Rosen müssen weiblich sein,
so lieblich anzusehen,
sie duften... stechen auch gemein,
sollt's nicht nach ihrer Blüte gehen.
Sind rot wie Blut und weiß wie Schnee,
auch schwarze sah man schon.
„Vergiss-mein-nicht" sie singen mit Weh
und träum'n von wildem Mohn.

Marita Wilma Lasch

- Bitterböse -

Die betagte Prinzessin auf der Erbse
nestelt jedes Häarchen an sich auf den Boden,
sieht in jedem Krümel auf dem Boden eine Zecke.
Glatt gezogene Stützstrümpfe sind selten glatt genug.
Ein schwarzer Punkt im Bett ist für sie immer ein Floh.
Jedes rote Fleckchen auf ihrer Haut ist Salben-bedürftig.
Ihre Unterwäsche muss angewärmt werden,
sie ist angeblich feucht.
Das Richten ihres Kopfkissens
ist ein zweimal zu zelebrierendes Ritual.
Obwohl Heerscharen ihr bei der Erbsensuche helfen,
ist sie selten zufrieden.
Die vergessene Einnahme einer Tablette
sieht sie als schier lebensbedrohlich an.
Nach dem Hausbesuch des Arztes
muss sie sich „wegen der Bakterien" die Hände waschen.

Diagnose für die Prinzessin: neurotische Persönlichkeitsstörung.

Geiz
…ist lebensfeindlich
…ist ein Bumerang: er trifft den Geizigen selbst
…ist zerstörerisch, weil lebenseinengend
…ist für die Seele das, was für die Arterie die Verkalkung ist
Ist Geiz Egoismus in Hochpotenz oder ins Groteske gesteigerte
Angst vor Verlust?

Guter Rat für eine Vorgesetzte:
Bitte verteilen Sie umgehend
Maulkörbe,
Stechuhren und
Wanzen.
Das stärkt das Vertrauen im Allgemeinen
und Ihre Position im Besonderen!

D ickhäuter,du
E igentümliches
R iesentier

E iner
L ieblosen
E rde -
F inde
A uch du
N otlose
T age!

Belastende Wehwehchen - Worte

fürchterlich
grässlich
dann lange gar nichts; dann
schauderhaft
scheußlich
schrecklich
Sch…

M ögen
U nsere
T age
T icken -
E rlebnis Egoismus
R eichlich

Aphorismen

Hans Sonntag

Bunter Salat

Träume bleiben in uns, sie gehen mit uns dorthin, wo wir glücklich oder traurig waren.

Im Abschiednehmen ist immer auch ein Rest Hoffnung auf ein Wiederkommen.

Ohne Bikini ist alles echt, auch in farblicher Hinsicht.

Wenn dich der Wind am Meer stört, bleibe daheim unter der Dusche

Falls Touristiker von wachsenden touristischen Leistungen sprechen, dann waren sie schon viele Jahre nicht mehr als Touristen unterwegs.

Im Glücklichsein ist immer auch Traurigkeit - keiner weiß zu sagen, ob es eine Wiederkehr geben wird.

Genieße im eiskalten Winter den Sommer, blicke dabei aber niemals in dein Portmonee.

Auch in einem ärmlichen Hotel kann sich die ganze Welt spiegeln.

Wenn du nicht sprechen willst, dann sage auch nichts (egal in welcher Sprache).

Wenn der Butterkeks zwischen den Zähnen knirscht, dann bist du angekommen im Urlaub am Meer.

Gelesenes Unglück kann auch dich treffen!

Wenn du die Schnauze voll hast, dann mache das Maul auch nicht auf.

Manfred Burba

Spaß mit Sprüchen

Wer den Teufel an die Wand malen kann, muss ihm schon einmal begegnet sein.

Wenn die Liebe durch den Magen geht, ist sie auf dem falschen Weg.

Eine Ehe einzugehen kommt dem Eingeständnis gleich, sein Glück nicht selber schmieden zu können.

Ein Hering im Bauch ist besser als ein Karpfen im Teich.

Die Zeit heilt alle Wunden, auch ohne Arzt oder Apotheker.

Es ist leichter, seine Fahne nach dem Wind zu hängen, als die Windrichtung zu ändern.

Lieber mit Kanonen auf Spatzen schießen, als auf größere Ziele.

Nicht alles, was auf Bäumen sitzt, kann auch fliegen.

Ein Schauspieler beherrscht die Kunst, andere glauben zu machen, er wäre einer von ihnen.

Vorurteile sind deshalb so schwer zu ändern, weil wir unser Leben nach ihnen ausgerichtet haben.

Jede Zeit hat ihr eigenes Gesicht und wir sind es, die damit herumlaufen.

Niemand kann zweimal durch dieselbe Tür gehen, ohne vorher umzukehren.

Nicht jede Kugel trifft ihr Ziel, einige Schüsse sind Rohrkrepierer, gehen fehl oder nach hinten los.

Um sein Leben selbständig führen zu können, muss man es selbst gestaltet haben.

Es ist belanglos, durch wie viel Hände das Geld schon gegangen ist, solange es nur auf dem richtigen Konto angekommen ist.

Es bleibt nur wenig Zeit für die Gegenwart, wenn man sich zu viel Sorgen um die Zukunft macht.

Eine Wunde heilt schneller, wenn man über die Narbe spricht.

Übung macht den Meister; von Fleiß, Ausdauer, Disziplin, Begabung usw. einmal abgesehen.

Es ist angenehmer hoffnungsfroh zu reisen, als enttäuscht anzukommen.

„Eine Frau wird erst schön durch die Liebe" und einen Liebhaber.

„Liebe kann nicht Sünde sein", aber viele Sünden wurden schon aus Liebe begangen.

Wer viel liest, denkt viel nach, ist öfter müde und schläft schneller ein.

Wer lebt nicht lieber in einer neuen, flotten Beziehung, als in einer lahmen Ehe?

Um jemanden beim Wort nehmen zu können, muss er wenigstens eins gesagt oder aufgeschrieben haben.

Seine Vergangenheit zu verdrängen, gleicht dem Versuch, sich das Schlafen und Träumen abzugewöhnen.

Was man durch die Blume sagt, muss man nicht aussprechen und was zwischen den Zeilen steht, nicht aufschreiben.

Ein Auge zuzudrücken, ist das Mindeste, was man tun kann, um nicht alles sehen zu müssen.

Ob es uns stört oder gefällt: Geld, Macht und Sex regieren die Welt.

Um die Wahrheit zu erkennen, muss man sich mit Halbwahrheiten, Lügen und Irrtümern auskennen.

Gegen Dummheit ist kein Kraut gewachsen, denn sie ist unbesiegbar und vermutlich auch unsterblich.

Je intensiver man die Zeit erlebt, desto schneller scheint sie zu vergehen.

Der Weg nach oben, ist immer auch ein Weg nach unten.

In einer glücklichen Beziehung spricht jeder die gleiche Sprache mit unterschiedlichem Akzent.

Frank Dieckmann

Warum er immer misstrauischer wurde? Weil die anderen ihrem Tun keinerlei Misstrauen mehr entgegenbrachten.

Krank ist, wer sein Leben unter das Diktat der Gesundheit stellt.

Trügerisch ist der Gang derer, die noch nicht ins Stolpern kamen.

Der Gefallsüchtige studiert immer neue Rollen ein, dem Uneitlen genügt eine.

Wer nie stehen geblieben ist, konnte sich keinen Überblick verschaffen.

Zu sicherem Erlahmen führt ein Leben in steter Unsicherheit.

Die Dinge, die wir überstehen, sind der Sockel, auf den wir unsere Büste stellen werden.

Was haben jene für ein Pech, denen zu Beginn alles glückt.

Das größte Fiasko wird heraufbeschworen, wenn die Masse der Meinung ist, dass es nur gelingen kann.

Zweifel sind die Geburtswehen zur Gewissheit.

Jugend gelingt es, Rückstände aufzuholen; Routine ist darin geübt, Rückstände zu vermeiden.

Was wird sich dauerhaft und angemessen binden? Wenn zwei sich über etwas Drittes finden!

Trümpfe, die gespielt wurden, sind keine Trümpfe mehr.

Der Hektik sind die Dinge unwichtig.

Was der Redner sich nimmt, verliert der Tätige.

Unbedacht handelt, wer den Zweifel wegschickt.

Helmut Glatz

Je heftiger Zukunft und Vergangenheit aufeinander prallen, desto heller vermag die Gegenwart zu leuchten.

Innere Wahrhaftigkeit setzt Wahrheit voraus. Wahrheit setzt Wirklichkeit voraus. Was aber ist wirklich?

Es gibt unzählige Welten. Nur diejenigen gewinnen an Wirklichkeit und Schärfe, die, auf das Ziel bezogen, lebensfähig sind.

Gedichte sind die Edelsteine im Bergwerk der Sprache.

Es ist ein Irrtum anzunehmen, die Summe vieler kleiner Geister ergäbe einen großen Geist. Hier versagt die Arithmetik.

Ist der Kakao, durch den jemand gezogen wurde, noch genießbar?

Worte sind die Kleider der Gedanken.

Erst das Gelb der Löwenzähne macht die Wiese richtig grün.

Es ist höchst irritierend, dass Gott und Teufel per Du sind.

Erst grün, dann gelb, dann rot: Wie schnell die Ampeln reifen!

Wo viele Menschen beisammen sind, wird der einzelne zum Narren.

Die Hoffnung reitet der Enttäuschung voraus.

Überhole nicht, wenn gefährliches Gedankengut auf der Straße liegt.

Die Welt ist die zur Materie gewordene Zeit. Sprache ist ungereinigtes Schweigen.

Ich saß mit einem schlechten Aphorismus auf einer Bank im Park. Du bist der Autor und ich bin das Produkt, sagte er. Wir müssten uns beide füreinander schämen.

Wer sich des Rückenwindes freut, sollte bedenken, dass ihm der Gegenwind ins Gesicht bläst, wenn er sich umdreht.

Musik ohne Zeit gibt es nicht. Musik ist zum Klingen gebrachte Zeit.

Hast du schon einmal daran gedacht, dass die Zukunft Angst davor haben könnte, Gegenwart zu werden?

Die Gegenwart tötet die Zukunft. Vergangenheit ist gestorbene Wirklichkeit.

Auch Gedichte unterliegen der Unschärferelation. Wenn sie nicht gelesen werden, existieren sie nicht.

Schon mancher Gedanke ist abgestürzt und liegt nun in der Erde verborgen. Ein Samen, aus dem Neues entsteht.

Es gibt Gedichte, die wie Blumen sind. Es gibt Blumen, die wie Bäume sind. Es gibt Bäume, die wie Menschen sind. Fraktale der Welt.

Wenn es den Lärm nicht gäbe, könnte man die Stille nicht hören.

Nicht in der Einfachheit, sondern in der Vielfalt liegt das Wohl der Welt. Ich wünsche mir eine Welt der Zwischentöne. Auf die einfachen Töne könnte ich verzichten.

Welche Quadratschädel sind doch die Fanatiker der reinen Farben! Ihre Askese lässt die Welt verarmen.

Wenn dein Auto nicht anspringt, suche den Punkt im Weltall, der es anspringen lässt. Auch die Erde benötigte einen Impuls, als sie sich zu drehen begann.

Eines Tages traten die Schatten auf die Lichtung. Und sie machten eine Versammlung und riefen: „Mehr Licht!"

„Weg, wohin gehst du?", fragte der Wanderer, der sich verirrt hatte. Der Weg aber antwortete nicht, sondern stand auf und ging.

Wie sprechen die Tiere? Aufrichtig.

Aphorismen sind die kürzeste Form, Romane zu verschweigen.

Es war einmal ein Geiger, der machte die schönste Musik der Welt, dass alle Leute weinen mussten. Aber es waren keine Leute da zum Weinen, und auch mit der Welt war nichts Rechtes los. Da wanderte der Geiger hinaus aus in den Wald und begann zu spielen, und es weinten die Bäume.

„Erinnerung entlaufen", stand auf einem Plakat. „Besondere Kennzeichen: Tiefgreifend."
Am Abend bekam ich einen Anruf: „Ich habe ihre Erinnerung gesehen", sagte eine Stimme. „Kann mich aber nicht mehr erinnern, wo."

Chaostheorie
Der Flügelschlag eines Schmetterlings in London flog über Berge und Täler, er flog und flog über das Meer bis nach Tokio, wo er keinen Wirbelsturm verursachte.

Wer kennt die Elektronik im Fühler eines Käfers? Sie stehen längst mit anderen Sternen in Verbindung.

In tausend Büchern, auf unzähligen Heimseiten: Ach, wie ist die Weisheit wohlfeil heutzutage. Nur die Dummheit muss man sich bitter erkämpfen.

Die Welt gibt uns mancherlei Nüsse zu knacken. Auch hohle darunter.

Sich selbst gerecht heißt anderen ungerecht.

Journalisten können nichts schreiben, sie können nur über etwas schreiben. Sie sind auf eine besondere Art unkreativ.

Wir sollten die Erde auf den Händen tragen, anstatt sie mit Füßen zu treten.

Unsere Sprache ist wie die Kleidung. Wie die Kleider uns von Luft und Sonne trennen, so trennt uns die Sprache vom Wesen der Dinge.

Manche Dinge kann man beugen. Zum Beispiel den Rücken oder das Knie. Auch manche Wörter. Damit befinden wir uns im Reich der Untertänigkeit.

Er sagt, er hätte etwas in den falschen Hals bekommen. Offenbar besitzt er zwei davon. Ich besitze nur einen. Ob es aber der richtige ist, vermag ich nicht zu sagen.

Das Seltsamste am Menschen ist doch sein Kopf. Wie einfach wäre die Welt, wenn wir nur mit dem Bauch denken würden. O je! Ich habe den Eindruck, manche tun es.

Was hast du nur für ein Spatzengehirn, sagte mir jemand. Und damit willst du unsterblich werden? Natürlich, damit kann man leichter in die Unendlichkeit fliegen, antwortete ich. Ein großer Kopf ist zu schwer dafür.

Zehn Finger hast du an deinen Händen und kannst nicht Klavier spielen? Welche Verschwendung der Evolution!

Was ist schon dabei, wenn einer das Gras wachsen hört. Propheten können es wachsen riechen.

Rechtzeitig am falschen Ort zu sein, hat schon manches Ungemach erspart.

„Wer weiß, wofür das gut ist!", sagt man. „Wie kann etwas gut sein, wenn es schlecht ist?", frage ich.

Was wäre die Musik ohne den Faktor Zeit? Beethovens Neunte im Stadium des Urknalls.

Willi Volka

Glück

Die Zeit, in die wir hineingeboren, ist unser Schicksal. Frieden vorfinden ist Glück!

- obil sein

Ein Automobil als Garaschoverlassobil wird im Stau ganz schnell zum Schlangobil, bleibt ohne Tachospiel ganz immobil und wird zum Autoimmmobil. Mir scheint das doch ein wenig subtil.

Das Beste

Techniker geben ihr Bestes, geben vor, alles stets sicher im Griff zu haben. Und dann doch Kernschmelze, Flugzeugabsturz, Bohrinselexplosion oder Kollateralschaden. Der Fortschritt will unser Bestes. Aber ist es wirklich immer das einzig Beste? Das Risiko Mensch bleibt auch beim besten Techniker eine Unbekannte.

Panta rhei

Wie wahr. Der Verkehr, die Information, das Geld, das Blut: panta rhei.
Kriege - Krieger - Ordensträger- Held! Vergänglich.
Am Ende fließ unser Bewusstsein mit, wie die Zeit im Bild von Salvador Dali oder doch nur der eigene Drohnen-Bomben-Fortschritt, der Krieg, der Krieg.
Warum sind Mondflüge so selten?

Kurios

Kurios, wenn ein zweiarmiger Polizist einen linksseitig einarmigen Radfahrer ein Protokoll über 25 € verpasst, weil er rechtseitig am Fahrradlenker keine zweite Handbremse besitzt. In der Vorschrift geht Empathie verloren. Wie schwer, Freund und Helfer zu sein!

Bergsteiger

Ein Bergsteiger weiß, wann er den Gipfel erreicht hat. Ein Mensch auf seinem Lebensweg nicht. Ein Bergsteiger weiß, dass wenn er oben, das erst der halbe Weg ist. Aber was weiß der auf der Lebenswanderung vom Abstieg? Das Glück eines Bergsteigers ist daher unermesslich, das Glück des Lebensweges ist unberechenbar.

Grete Ruile

Vorurteil ist ein Kind der Unwissenheit.

Die Maschinerie der Moderne hat das Herz verdrängt.

Nach Millionen Toten im TV, hat das Menschenleben seinen Wert verloren.

Das Schicksal annehmen, ist eine Bewährungsprobe.

Wenn man über Konflikte reden kann, ist man ein selbständiger Mensch.

Man stiehlt den Menschen die Würde, wenn man sie mundtot macht.

Aufrichtigkeit ist ein wichtiges Instrument im Leben.

Selbstachtung verliert man durch Prostitution.

Bitten ist keine Gefahr für die Würde, nur betteln.

Traurigkeit beschwört den Untergang herauf, Hoffnung das Weitergehen.

Lebenslügen: An Gemeinschaften festhalten, die schon längst kaputt sind.

Man kann nicht nur stumm sein, sondern einfach sprachlos.

Ein starker Charakter lässt sich nicht fallen.

Glücklich ist man, solange man Fantasie hat.

Die Welt ist nicht heil, deshalb soll der Mensch nicht einsam sein.

Der Zukunftspessimismus beschädigt die gesellschaftliche Kreativität.

Leben heißt am Unheilbaren basteln.

In Verantwortung liegt Frage und Antwort.

Jede Seele hat ihre eigene Sehnsucht.

Sich nicht von Dogmen leiten lassen, braucht Mut und eigenen Willen.

Man darf ruhig Herzklopfen bekommen, wenn man das Leben liebt.

Würde ist ein inneres Gleichgewicht. Es entsteht durch die Begegnung mit Menschen, die Würde unterstützen.

Jugend verliert man jeden Tag.

Wenn wir Tugenden leben, wird auch die Welt wieder besser.

Endlichkeit und Unendlichkeit wird mir bewusst, wenn ich in den Sternenhimmel schaue.

Glaube ist eine Gnade.

Was bedeutend ist, kann in Beziehung zueinander gesetzt werden.

Erinnern ist eine Form des Vergessens, um einen Neuanfang zu wagen.

Man darf nicht glücklich sein, sonst verdienen Psychologen nichts mehr.

Sie sollen doch Menschen ihre Gefühle lassen, die noch welche haben.

Glück und Poesie zwei Worte, die man heute lieber nicht mehr benutzt, sie sind zu schwierig.

Was den Menschen kennzeichnet, ist Verstand und Gefühl.

Schmerz ist prägend, er lehrt uns eine neue Philosophie.

Das Böse darf keine Existenz haben.

Manchmal hängen meine Gedanken wie Blätter an unseren Zweigen.

Der richtige Gebrauch der Zeit kann viel Kreativität hervorbringen.

Gut oder böse, heißt versuchen ein Mensch zu sein.

Wir haben ein Leben, aber wie sollen wir es leben, das ist die Frage?

Erkenntnis ist der Weg. Man kann versuchen sich zu nähern.

Alles kann heute steigen und fallen, sogar die Menschen.

Ungebundensein wie Wörter, ist ein Stück Freiheit.

Literatur sollte das Eigentum aller Menschen sein.

Selbstvertrauen hilft uns verhängnisvolle Klippen zu überwinden.

Wenn das Wort wegfällt, springt die Musik ein.

Muße ist dem Menschen willkommen, Langeweile wird als unlustvoll empfunden.

Erinnerung ist ein Teil unserer Identität.

Das Leben ist zu kurz, um ihm beim Verstreichen zuzusehen.

Wenn das Herz will, hat man viele Hände zum Helfen.

Rationalität wird auch genutzt zum Töten und geplantem Töten.

Verliere nie den Kontakt zu dir selbst.

Das Leben muss immer wieder neu gedacht werden.

Das Leben findet jetzt statt, sei mutig!

Man trifft nur selten einen Menschen, mit dem das Zusammensein anders ist als mit allen anderen.

Ein flexibles Vielfachwesen, ein Symbolwesen, das ist ein Künstler.

Löse dich vom Gestrigen, denke an das Heute.

Die Jungen sind die Saat der Zukunft.

Gemeinsam lebendig bleiben, das heißt leben.

Was man mit Liebe will, ist von Gott gewollt.

Zuneigung gibt uns die Fähigkeit, Ähnliches im Unähnlichen wahrzunehmen.

Die Liebe lässt die vergängliche Seele lebendig werden.

Kultur ist unabhängig von unserer Ausbildung, Kultur ist wie wir leben.

Gesundheit ist der Motor für Leben- und Lebenslust.

Krankheit fordert uns heraus zur Erfindung neuer Lösungen.

Im Leben ist vieles beherrschbar, aber nicht alles machbar.

Was wir erträumen können, können wir auch manchmal erreichen.

Auch bei fortschreitendem Alter bleiben die Gefühle jung.

Wissenschaft ist Science fiction, ist weiterdenken.

Wahrnehmung lässt erkennen, dass der Mensch nicht nur Materie ist.

Wir haben die Augen bekommen, um im Leben vorwärts zu schauen.

Liebe ist Sehnsucht, Sturm und Zauberkraft.

Gedanken sind geistige Botschaften. Denken, fühlen, wollen.

Für viele ist es sehr schwierig, über das Materielle hinauszudenken.

Für manche zählt nur ihre eigene Welt. Sie stellen deshalb nichts in Frage.

Erfolgreich altern, erzeugt Nachdenken. Man kann nicht immer gesund, jung und agil sein.

Erhabene Natur, der Sternenhimmel. Etwas Wunderbares.

Lebe jeden Tag intensiv, denn das Leben ist so kurz.

Bleib wach, wenn dir das Leben ein Rätsel aufgibt. Vielleicht wirst du gewinnen.

Wo Verlässlichkeit und Stetigkeit fehlt, kann keine Liebe entstehen.

Man muss die Welt gern haben, sie ist so reich an Unerforschlichem.

Wo nur Geld und Leistungsfähigkeit verlangt wird, finden wir weder Ruhe noch Nähe.

Schüttle die Würfel, vielleicht wirfst du eine Sechs.

Sehen, fühlen, wissen, nichts tun können ist ein Schlimmes Erfahren.

Unsere Sichtweise kann oft relativiert werden durch Andere. Wir können nicht an nichts glauben.

Das Gestern ist gestorben, das Heute wird geboren.

Denken und leben gehören zusammen.

Wahrnehmungen sind oft mit Stimmen verbunden.

Jeden Tag gibt es einen moralischen Schock.

Liebe! Ein bisschen ist nie genug.

Erst Beziehung lässt uns zum vollen Menschen werden.

Technik ist so schlecht oder so gut wie der Mensch sie macht.

Manchmal funktioniert unsere Sprache nicht mehr, aber wir haben keine bessere.

Auf der Suche nach der neuen Unschuld benehmen wir uns wie Narren.

Werner Kresse

Halbwissen gepaart mit Besserwissen macht nicht schlauer aber unheilvoll.

Deinem Schatten reißt du nicht aus, er ist dein Maskottchen.

Das Sammeln von Büchern häuft Wissen an, im Regal.

Wer sich ins Abseits stellt, braucht sich nicht zu wundern, wenn er ausgepfiffen wird.

Immer mittendrin doch nicht dabei.

Die Plattitüde beinhaltet immer auch die Faulheit des Denkens.

Gewissen ist göttlich so lange es nicht berührt wird.

Gute Vorsätze bekommen Flügel, wenn nicht beherzt zugegriffen wird.

Der Abend erledigt nicht die Vergesslichkeit des Morgens.

Gehört heißt noch lange nicht es verstehen.

Beständigkeit schließt Veränderung ein, ansonsten ist es keine.

Nicht die Karten, der Kopf bestimmt die Wahrheit.

Trägheit ist der Willkommensgruß der Faulheit.

Rechthaberei, der satte Egoismus von gestern.

Es gibt Leute, die alles wissen, aber nichts vermögen.

Nichts ist so beständig wie das Provisorium.

Man kommt beschwerlich rauf mitunter ebenso runter.

Sermon: Der Tor spricht. Der Feige schweigt. Der Weise hört zu

Renate Maria Weissteiner

Frust ist aller Pflaster Anfang.

Was ist Kunst? Kunst ist Bestimmungsort.

Wer ein Problem mit meinem Alter hat, ist nicht für mich.

Lebensalter sind Zahlen.

Die Krone der Weisheit mündet im Mitgefühl.

Eine Kunst im Leben besteht darin sich den Herausforderungen des Lebens zu stellen - ohne an sich selbst zu scheitern.

Großzügigkeit ist die Zwillingsschwester der Herzensgüte.

Liebe. ~ 26. Vertrauensvorsprung auf Zeit? Ist die Liebe nicht wie ein kostbarer, edler Gast auf Erden? Und sollten wir nicht dergestalt zu lieben lernen, dass die uns umgebende schützende Schicht der Liebe an uns, in uns, einer Pflege, einem täglich tosenden und kosenden Gedanken- und Tatenputz gleichkommt, als Zuflucht im Glück, als unser beider Herausforderung an die Himmlische aller Mächte?

Ein Beziehungsgeheimnis zwischen Mann und Frau, zwischen Liebenden? Aus den Unterschieden heraus leben und leben lassen.

Die Frau muss erhoben werden, dann weiß der Mann erst wie gut es ihm geht.

‚Wissen Sie, welcher Nachtisch das ist?' ‚Nein', antwortet der Kellner, ‚aber am Ende ist es wichtig, dass es gut war. Am Ende ist es immer wichtig, dass es gut war.'

Alexander Paukner

Den Frieden mit sich selbst, erfährt ein jeder wenn er sich tief im Verlangen einig ist, mit sich selbst.

Dem Moment der Freude wohnt ein Funken der Anstrengung inne, die zum Ziele führt.

Mit dem Versuch sein Glück zu finden, beginnt meist die Suche zu sich selbst und in das Gewissen von
anderen.

Klaus Ilgart Baron von Goldacker

Vergänglichkeit: Die Vergänglichkeit ist die Essenz der Kostbarkeit eines jeden Augenblickes.

Fehler werden erst zu Fehlern, wenn sie zur Vergangenheit werden.

Weniger denken, bedeutet mehr leben.

Der Einzige, der dich in deiner Freiheit einschränken kann, solltest du selbst sein.

Die Toren der Vergangenheit legten der Zukunft Steine in den Weg, die zu Felsen wurden.

Ein Mensch ist erst dann wahrlich tot, wenn er in Vergessenheit gerät.

Wenn man versucht ein anderer zu sein, als man ist, vergisst man irgendwann, wer man war, dann ist man niemand.

Weder die Suche nach der Liebe, noch ihr Fund ist von Bedeutung, sondern nur, sie zu leben.

Talent ist keine Frage, sondern die Antwort auf eine Frage, die man nie gestellt hat.

Der einzige natürliche Feind des Menschen, ist er selbst.

Zweifel können mehr schmerzen als Misserfolge.

Das Leben ist kein Geschenk, das man bei Nichtgefallen einfach umtauschen kann, es ist eine Aufgabe.

Meine Gedanken, die ich sammle sind für mich wie der Fund eines Schatzes, den man nie gesucht hat.

Nicht das Leben ist zu kurz, sondern die Erwartungen zu groß.

Das einzig positive an Schmerz ist seine Vergänglichkeit.

Das Ende einer jeden Seite ist zugleich Abschluss und Neubeginn.

Die Suche nach deinem Selbst, birgt mehr Erkenntnisse, als sein Fund.

Das Einzige, was nichts kostet und trotzdem unbezahlbar ist, ist aufrichtige Liebe.

Reden ist Silber, Schreiben ist Gold.

Krieg ist genauso sinnlos und unnötig, wie der Tod derer, die hungern.

Simone Seebeck

Herz und Verstand zählen eher als das Geld in der Hand.

Du musst nicht viel Geld haben, damit dir deine eigene Welt gehört.

Deine eigene Welt ist der tolle Bereich zwischen deinen beiden Ohren.

Das Leben ist nicht immer schön, aber am Ende können wir sagen, wir waren dabei.

Wahrheit hat lange Beine und ist schön, Lügen kann man nicht mal sehen.

Nimm dir den Mut, auf dich zu achten: Gesundheit ist das höchste Gut.

Das Leben ist kostbar, deshalb sollen wir es schätzen, schützen und bewahren.

Es gibt keinen Grund zu Angst und Sorge, weil das Gute im Herzen gewinnt.

Angesichts der Ewigkeit sind wir nur ein Hauch, angesichts eines Freundes sind wir von Bedeutung

Angelika Hukal

Winter - Eis - Schnee ist Anhalten für die Langsamkeit.

Es treibt und treibt, es triebt und triebt. Es ist Frühling, die Triebe treiben.

Wer Geld hat, hat Macht. Wer kein Geld hat, bekommt kein Recht.

Kauf dir ein Kaleidoskop und mach dir die Welt schön!

Mensch, Mensch, lass die Masken fallen, sei wieder menschlich!

Der Engel Hoffnung schwebt über uns, lasst Frieden in unser Herz einkehren.

Es geht alles übers *Fressen*, man glaubt es nicht, aber es ist 'ne wahre Geschicht'!

Das Schlimmste was es gibt, ist Stillstand, Stagnation von Dingen, die zu ändern sind und damit besser werden.

Alles ist Auflösung - aber alles ist Erneuerung.

Schmeiß die Gedanken (Last) weg, wie einen Sandsack auf den Deich, und schütze dich vor der Flut.

Diejenigen, die künstlerisch tätig sind, Malen, Schreiben, Musizieren, dürfen nicht den Anspruch haben, alle Menschen mit ihrem Können zu erreichen, sie zu missionieren und erst recht nicht, sie zu reanimieren! Es gibt immer Menschen, die sich diesen schönen Dingen nicht aufschließen. Sie sind für die Welt verloren.

Wenn wir im Laufe unseres Lebens nicht lernen, Achtung vor der kleinsten Kreatur zu zeigen, können wir, als Menschen, nie Akzeptanz und Toleranz in zwischenmenschlichen Beziehungen aufbauen!

Wenn die Schönheit und Spannung uns Menschen verläßt, sind wir nur noch Materie in einem Stoffwechselprozess. Aber wer kreativ ist oder war, dem bleiben zumindestens wundervolle Phantasien, Bilder, Klänge oder poesievolle Worte.

Marita Wilma Lasch

- Gedankenflüge -

Bescheidenheit ist, wenn jemand denkt, er sei reich, weil er seine Goldzähne mit ins Grab nehmen kann.

„Bessere Leute" sind definitiv nicht besser.

Blatt - Blatter - am Plattersten

Das Wachsen der Haare auf den Zähnen muss unterbunden werden, denn sonst sie in der Suppe zu finden.

Feuer und Flamme bergen Gefahren.

Fragmentarisches ist ganz wichtig.

Geld ist ambivalent: ich mag es nicht, aber brauche es doch.

Helfen: sich selbst und anderen.

„Ist Schwarz-Sehen realistisch?" „Nein - genauso wenig wie Weiß-Sehen; die Welt ist grau." „Nur?" „Na ja, mit grünen und roten Pünktchen."

Lebensfreude zu vermitteln ist wichtigste Erziehungsaufgabe!

Macht? Geld? Fußball!?

Menschenwaltung geht vor Sachwaltung.

Menschliches ist viel wichtiger als Gesellschaftliches.

Mollig ist warm, dürr kühl.

Mütterromantik - Egoismus verdrängt

Ohne Gott geht nichts.

Schnittblumen contra Ewigkeitssehnsucht

Selbstverwirklichung und Lebenserfüllung ist nicht dasselbe.

Starrheit ist Schwäche und Lüge ebenso.

Toleranz und Akzeptanz sind zwei verschiedene Eigenschaften.

Trauern? Handeln und Warten!

Tut mir leid: Wenn ich diese Musik lieben würde, würde ich „Lebendige Hosen" lieber hören als „Tote Hosen".

Unzufriedenheit des einen demotiviert den anderen.

Vertrauen in deinen Arzt ist gesünder als zig von ihnen um Rat zu fragen.

Vorsicht vor Ironie - enthält Eisen! Dosis beachten!

Wunscherfüllung ist nahezu unendlich.

Susanne Rzymbowski

Selbst bist und bleibst du im Spiel der Gezeiten.

Begegnungen sind Augenblicke der Selbstfindung.

Zufriedenheit ist die Fähigkeit loslassen zu können.

Pflichtbewusstsein ist eine Form der Selbstbehauptung.

Trägheit ist ein Zustand der Selbstverleugnung.

Kunst als Ausdruck der Nutzlosigkeit ist Sinnbild der Selbsterkenntnis.

Lea Sankowske

Alter bedeutet nicht Freiheit und auch Weisheit nicht Alter. Einzig allein wer weise ist, kann im wahrsten Sinne frei sein. Denn nur wer wirklich weise ist, weiß sich Freiheit zu beschaffen, und diese gebührend zu nutzen.

Wenn du dir selbst nicht gut genug bist, wie kannst du dann gut genug für andere sein?

Um akzeptiert zu werden wie man ist, muss man sich selbst akzeptieren.

Nur wer liebt, kann geliebt werden.

Inhalt

Haikus und andere Kurzgedichte

7	Carla Becker
8	Renate Maria Riehemann
10	Gert W. Knop
15	Reinhard Lehmitz
20	Helga Lange
28	Rainer Rebscher
30	Betti Fichtl
32	Ute Lichtenberg
35	Wolfgang Jatz
38	Norbert Mieck
60	Ralf Hilbert
66	Marko Ferst
68	Lore Tomalla
70	Gerd Zipper
72	Judith-Katja Raab
76	Dieter Strametz
80	Erika Maassen
101	Marco Wittemann
102	Willi Volka
105	Susanne Rzymbowski
106	Cleo A. Wiertz
109	Rita H. Greve
114	Grete Ruile
116	Ingrid Mundil
118	Ingrid Baumgart-Fütterer
136	Carina Goetz
137	Hannelore Furch
139	Dirk Tilsner
145	Marita Wilma Lasch

Aphorismen

151	Hans Sonntag
153	Manfred Burba

157	Frank Dieckmann
159	Helmut Glatz
165	Willi Volka
167	Grete Ruile
175	Werner Kresse
177	Renate Maria Weissteiner
179	Alexander Paukner
180	Klaus Ilgart Baron von Goldacker
182	Simone Seebeck
183	Angelika Hukal
185	Marita Wilma Lasch
188	Susanne Rzymbowski
189	Lea Sankowske
191	Inhalt
193	Autorinnen und Autoren stellen vor

Autorinnen und Autoren stellen vor:

Marko Ferst, Rainer Funk, Burkhard Bierhoff u.a.; Erich Fromm als Vordenker. „Haben oder Sein" im Zeitalter der ökologischen Krise, 224 Seiten, Edition Zeitsprung, Berlin 2002, 15,90 €
Marko Ferst: Republik der Falschspieler. Gedichte, 172 Seiten, Engelsdorfer Verlag, Berlin 2007, 11,60 €
Marko Ferst: Umstellt. Sich umstellen. Politische, ökologische und spirituelle Gedichte, 160 Seiten, Engelsdorfer Verlag, Berlin 2005, 11,20 €
Marko Ferst: Täuschungsmanöver Atomausstieg? Über die GAU-Gefahr, Terrorrisiken und die Endlagerung, 136 Seiten, Edition Zeitsprung, Berlin 2007, 9,95 €
Marko Ferst, Franz Alt, Rudolf Bahro: Wege zur ökologischen Zeitenwende. Reformalternativen und Visionen für ein zukunftsfähiges Kultursystem, 340 Seiten, Edition Zeitsprung, Berlin 2002, 21,90 €
Leseproben und Bestellung: www.umweltdebatte.de

Rita H. Greve: „Von Gestern nach Morgen", Kurze Geschichten, 100 Seiten, ISBN 978-3-00-051061-8, 9,80 €
Rita H. Greve: „Wie ein Baum", vom unverlässlichen Leben in Vers und Fotografie, 78 Seiten, ISBN 978-3-00-029545-4, 12,80 €, Bestellen: rita.greve@gmx.de

Gert W. Knop: Tagträume/ Daydreams/ Sueños Diurnos: Liebesgedichte/ Love Poems/ Poemas de Amor, 2013, 168 Seiten, united p.c. Verlag, 18,40 € (deutsch, englisch, spanisch)
Gert W. Knop: Der Juwelenvogel. Märchen aus Sri Lanka, 146 Seiten, united p.c. Verlag, 20,30 €, mehr:
http://www.lovelybooks.de/autor/Gert-W-Knop/

Grete Ruile: Regenbogen des Lebens, 107 Seiten, Nimrod Literaturverlag, Zürich 2004, 15 €
Grete Ruile: Lebenspunkte, 119 Seiten, Engelsdorfer Verlag, Leipzig 2005, 9,40 €

Grete Ruile: Gefühlspotpourri, 103 Seiten, Engelsdorfer Verlag, Leipzig 2007, 9,95 €
Grete Ruile: Gedankenmelodie, 113 Seiten, Engelsdorfer Verlag, Leipzig 2009, 10,80 €

Dieter Strametz: Das wars - Gedichte aus 50 Jahren, 236 Seiten, edition winterwork, Grimma 2015, 14,90 €

Gerd Zipper: Gebissgeschichten, Anthologie, 80 Seiten, BoD, 2005
Gerd Zipper: Der Tunnel, 2012, 221 Seiten, Prolibris, 12 €
Gerd Zipper: Der Übervater. Krimis aus Schwäbisch Gmünd, 232 Seiten, Prolibris, 12,95 €, www.prolibris-verlag.de

Literaturpodium

Bei uns können Sie Ihre Gedichte, Erzählungen, Romane oder Ihr Sachbuch veröffentlichen. Einzelne Gedichte, Reiseberichte, Erzählungen, Essays und Märchen lassen sich publizieren. Schauen Sie sich dazu unsere speziellen Buchprojekte an. Die Bände werden gegenseitig mit Anzeigen beworben und im Internet mit Leseproben präsentiert.

Mehr Informationen unter:

www.literaturpodium.de

Der Garten blüht.

Haikus und andere Kurzgedichte, Aphorismen

Ingrid Pichlhöfer, Gerhard Schunck, Lore Tomalla u.v.a.

Das Haiku ist eine japanische Gedichtform und mit 17 Silben in seiner Form das kürzeste Gedicht der Welt. In diesem Band sind zahllose Haikus über die Natur, die Jahreszeiten oder andere Themen zu finden. Außerdem werden auch andere Kurzgedichte präsentiert. Im zweiten Teil des Bandes lassen sich viele Aphorismen und Lebensweisheiten entdecken.

*Band bestellen bitte
über Literaturpodium:
wettbewerb@literaturpodium.de*

Es duftet nach Sonntag

Haiku und andere Kurzgedichte, Aphorismen

Ira R. Svenhagen, Helmut Glatz, Michelle Klemm
u.v.a.

180 Seiten, 2011

In diesem Band sind viele Haiku und andere Kurzgedichte über die Natur, Katzen, die Jahreszeiten, Tag und Nacht oder andere Themen zu finden. Im zweiten Teil des Bandes lassen sich viele Aphorismen und Lebensweisheiten entdecken.

Lautes Gekreische
Starenfest im Kirschenbaum
diebische Freude

Neuschnee und Sonne
Der Winter säumt die Wälder
mit blauen Schatten

Sylvesterknaller
hallen durch den Park wanken
zwei Obdachlose

Band bestellen bitte über Literaturpodium: wettbewerb@literaturpodium.de

Kastanienkerzen

Haikus und andere Kurzgedichte, Aphorismen

Janina Lenz, Judith-Katja Raab, Johannes Bettisch u.v.a.

288 Seiten, 2013

In diesem Band sind viele Haiku und andere Kurzgedichte über Tiere, Naturlandschaften, Musik, Philosophie oder andere Themen zu finden. Im zweiten Teil des Bandes lassen sich viele Aphorismen und Lebensweisheiten entdecken.

Schatten des Bambus
zeichnet die Sonne aufs Bild.
Licht ist ihr Pinsel.

Die Boote heraufgezogen,
Gelächter in der Kneipe -
Sturmwarnung.

Der Himmel zerfällt
zu dunklen Kristallen
in Städten aus Glas.

Band bestellen bitte über Literaturpodium: wettbewerb@literaturpodium.de

Sommerfrühstück

Erzählungen und Gedichte

Mio Mandel, Christine Zeides, Magnus Tautz, Manfred Burba, Robby von der Espe u.v.a.

436 Seiten, 2015

Eine Berliner Kindheit an der Protokollstrecke wird beschrieben, berichtet von ersten Versuchen, den Himmel raketentechnisch zu erobern. Eine Reise durch Israel hinterlässt tiefe Eindrücke, zeigt Sehenswürdigkeiten in diesem umkämpften Land. Eine Episode aus Mozarts Leben führt in seine Epoche zurück. Die Unterschiede polnischer und deutscher Alltagsmuster durchforstet eine andere Autorin. Eine Begebenheit aus der Theaterwelt zeigt, wie ein Schauspieler mondsüchtig wurde. Den unergründlichen Wegen von erotischen Begegnungen kann man auf Bahnsteigen nachsinnen. Erfahrungen mit Wohnungen und Kellern kommen zur Sprache. Gedichte folgen den Spuren des Regens, Lavendelfeldern. Putins Leidenschaften werden Wort für Wort seziert. Was verbirgt sich im Schatten der Tamarinden Kambodschas? Abend in Addis Abeba – afrikanische Themen finden lyrischen Ausdruck.

Leseproben, Inhaltsverzeichnis: www.literaturpodium.de

Marko Ferst

Umstellt. Sich umstellen

Politische, ökologische und spirituelle Gedichte

160 Seiten, 11,20 €, 2005, Leseproben: www.umweltdebatte.de

Die Gedichte des Autors gehören zu den provokativsten politischen Gedichten seit Erich Fried. Eine lebensnahe Mystik geht bei ihm fast nahtlos in radikale Gesellschaftskritik über. Er fragt nach einem Zeitalter, das über herkömmliche religiöse Vorstellungen hinausweist, schreibt über die Musik Arvo Pärts, nimmt uns mit in den wendländischen Widerstand gegen einen unbändigen Atomstaat. Darüber hinaus kritisiert er politische Zustände in den USA und in dem von China besetzten Tibet. Unbequeme Fragen stellt er an die NATO-Länder zum Kosovokrieg und prangert die Strukturen an, die in weiten Teilen der Welt zu Verelendung führen. Die deutsche Einheit gerät in seinen Blick und die Sorge um den Erhalt der ökologischen Gleichgewichte bleibt in vielen Passagen des Bandes überaus deutlich präsent. Liebesgedichte und Gedichte zu innerem Wachstum nehmen umfangreichen Raum ein. Die Erzählung „Der Freund und das Fensterkreuz" schließt den Band ab. Im Rahmen eines deutsch-polnischen Literaturwettbewerbs erhielt sie einen Preis.

Bestellung: marko@ferst.de (Porto frei)

Rainer Funk, Marko Ferst, Burkhard Bierhoff u.a.

Erich Fromm als Vordenker

„Haben oder Sein" im Zeitalter der ökologischen Krise

Leseproben:
www.umweltdebatte.de

Edition Zeitsprung, 224 Seiten

Als Psychotherapeut, Sozialwissenschaftler und Philosoph gehört Erich Fromm zu den wegweisenden Gestalten des 20. Jahrhunderts. Er ist ein prominenter Diagnostiker der Krisen der westlichen Welt, ein Kritiker unseres konsumistischen Lebensstils und von gesellschaftlichen Zuständen in denen nicht der Mensch sondern das schnelle Plusmachen im Mittelpunkt steht. Die Werte des Seins wollte Fromm über denen des Habens angesiedelt wissen. Die Beiträge setzen sich mit seinen Ideen und Vorschlägen auseinander.

Franz Alt, Rudolf Bahro, Marko Ferst

Wege zur ökologischen Zeitenwende

Reformalternativen und Visionen für ein zukunftsfähiges Kultursystem

Edition Zeitsprung, 340 Seiten

Die ökologische Krise droht der menschlichen Zivilisation eine Richtstatt zu bereiten. Ohne einen Quantensprung in der Politik ist eine globalökologische Rettung völlig aussichtslos. Dabei könnten die ersten Schritte in wenigen Jahren getan sein. Ungefähr alle acht Minuten schickt uns die Sonne soviel Energie auf die Erde, wie wir in einem Jahr verbrauchen. Würden wir sämtliche Energie, die wir nicht einsparen können, über Solartechnik, Wasserkraft, Windkraft und aus Biomasse gewinnen, hätten wir schon ein gutes Stück Zukunft gesichert.